Bo Boshers

Underground
Mehr Tiefe für deine Beziehung zu Gott

D1619364

BO BOSHERS

Underground

Mehr Tiefe für deine Beziehung zu Gott

Projektion J

Titel der Originalausgabe:
G-Force

© 2003 by Willow Creek Association
Published by Zondervan Publishing House, Grand Rapids, Michigan 49530, USA

© 2004 der deutschen Ausgabe
by Gerth Medien GmbH, Asslar
1. Auflage 2004

ISBN 3-89490-537-9

Wenn nicht anders angegeben, wurden die Bibelstellen der „Gute Nachricht Bibel",
Deutsche Bibelgesellschaft, Stuttgart 1997, entnommen.

Übersetzung: Annette Schalk
Umschlaggestaltung: Michael Wenserit
Umschlagfoto: Phonica
Satz: Die Feder GmbH, Wetzlar
Druck und Verarbeitung: Schönbach-Druck, Erzhausen

Dieses Buch wurde für alle Leiter geschrieben, die sich auch als Hirten verstehen und wissen, wie wichtig es für diese Generation ist, authentische Gemeinschaft im Rahmen von Kleingruppen zu erleben. Ich bin von eurer Hingabe begeistert, wenn es darum geht, jungen Menschen ein gesundes geistliches, emotionales und beziehungsmäßiges Umfeld zu bieten, ohne zu versuchen, sie hinzubiegen, gewaltsam zu verändern oder über sie zu urteilen. Wahrheit in Liebe ausgesprochen, Korrektur in Liebe gegeben, Tadel in einem Geist der Liebe angenommen und Gnade in Liebe ausgeteilt – alle diese Dinge werden einen lebensverändernden Einfluss auf die heutige Generation haben.

Ich bete dafür, dass dieses Buch euch dabei hilft, wenn ihr Menschen aus dieser Generation auf dem Weg zu ganzer Hingabe an Christus begleitet. Möge Gott euch dabei segnen.

Inhalt

Ein Wort an junge Menschen . . .

Als Pastor, Mitarbeiter und Vater war mir die Welt der Schüler und Jugendlichen in *Willow Creek* sehr wichtig. Niemand hat die Geschichte dieser kleinen Welt stärker und mit mehr Begeisterung geprägt als Bo Boshers. Ich wünschte, ihr könntet persönlich spüren, wie viel Energie in ihm steckt, aber in der Zwischenzeit ist dieses Arbeitsbuch ein ausgezeichneter Ersatz. Es birgt das Potenzial, in jedem jungen Menschen mit einem offenen Herzen ein enormes Wachstum zu entfachen. Wenn ich daran denke, wie der Planet aussieht, den ihr einmal erben werdet, bin ich besonders dankbar für Gottes Versprechen, euch weder heute noch morgen alleine zu lassen.

Bo hat sich viele Jahre lang in der Schüler- und Jugendarbeit seiner Ortsgemeinde engagiert und schult, unterstützt und ermutigt seit sieben Jahren weltweit Mitarbeiter und Leiter, die die Schüler- und Jugendarbeit in Ortsgemeinden betreuen. Er ist als geistlicher Leiter ganz besonders begabt und qualifiziert.

Ihr seid hier und heute eine starke Kraft in eurer Welt – ihr könnt sie zum Besseren oder zum Schlechteren verändern. Und in den nächsten Jahren wird euer Einfluss noch stärker werden. Viele Jugendliche, die ich kenne, sehnen sich zutiefst danach, Gott kennen zu lernen, im Glauben zu wachsen und den Armen zu dienen – aber sie wollen auch wissen, wie das geht. In „Underground" erklärt Bo, wie Nachfolge ganz konkret aussehen kann. In einer Welt voller Schuld könnt ihr in Gnade baden. An einem Ort der Stagnation könnt ihr Wachstum spüren. Statt in Isolation könnt ihr in Gruppen und Gemeinschaft leben. Ihr könnt Gaben in euch entdecken, mit denen ihr in eurer Gemeinde und eurer Welt etwas bewegen könnt, und in einer Konsumgesellschaft könnt ihr am Beginn eures eigenständigen finanziellen Lebens zu guten Haushaltern werden.

„Underground" zeigt euch, wie ihr zu Menschen werden könnt, die etwas bewegen – und genau dazu hat Gott euch geschaffen. Wenn ihr euch für euch alleine Gedanken macht und im Gespräch in Kleingruppen über das Gelernte austauscht, werdet ihr allmählich erkennen, was Gott für euer Leben geplant hat, und ihr werdet die Freiheit bekommen, auch mutige Schritte zu gehen, um Christus immer ähnlicher zu werden.

Ein Wort an Leiter und Mitarbeiter in der Jugendarbeit . . .

Wenn ich über diese Generation junger Menschen nachdenke, bin ich besonders dankbar für alle, die sich dafür engagieren, die jungen Männer und Frauen zu lehren, zu schulen und zu lieben, die eines Tages diese Welt erben werden. Gibt es etwas Wichtigeres als diese nächste Generation der Nachfolger Jesu? „Underground" hilft euch dabei, die Jugendlichen, die unsere Zukunft sein werden, dabei zu begleiten, zu Nachfolgern Jesu zu werden, und sie zu formen. Lest also weiter und bereitet euch schon einmal darauf vor, dass eure Jugendarbeit nicht mehr dieselbe sein wird wie bisher!

John Ortberg

Ich schulde vielen Menschen Dank, die wertvolle Beiträge zu „Underground" geleistet haben:

Mickey Maudlin, einem begabten Schreiberling, der meine Gedanken aufgenommen und so klar und wirkungsvoll formuliert hat, dass mit ihrer Hilfe Jugendliche darin geschult werden können, Jesu ganz engagiert nachzufolgen.

Christine Anderson als Leiterin der Produktentwicklung der *Willow Creek Association* und – wichtiger noch – als meiner Freundin. Ohne deine Gaben und deine Hilfestellung wäre dieses Projekt nicht möglich gewesen. Danke, dass du mir dabei geholfen hast, meine Schwächen zu Stärken zu machen.

Meiner langjährigen Assistentin Lynette Rubin für ihre unendliche Geduld und ihre organisatorischen Fähigkeiten angesichts von Veränderungen. Ohne dich hätte ich dieses Projekt nie bewältigt.

John Ortberg, einem begabten Prediger, für seine Unterstützung und Ermutigung und für seine Hingabe, wenn es darum geht, alle Christen die biblischen Wahrheiten von geistlichem Wachstum und geistlicher Veränderung zu lehren.

Darren DeGraaf, Scott Rubin und Jeff Vanderstelt, Mitarbeitern in der Jugendarbeit, für ihre Einsichten und ihre Erfahrung, die mich dabei unterstützt haben, dass die Inhalte von „Underground" für Jugendliche aller Altersgruppen umsetzbar sind.

Brandy Ogata, Pat McAndrew, Mike Lueth und den Mitarbeitern der *WCA Student Ministries* für ihre Unterstützung und dafür, dass sie daran festhalten, dass alles möglich ist.

Hunderten von Jugendmitarbeitern auf der ganzen Welt, die zu *The NET* gehören – dem Online-Dienst der WCA, der Materialien und Schulungen für die Jugendarbeit zur Verfügung stellt. Danke für eure Ratschläge und Einsichten während der Entwicklung von „Underground".

Den Mitarbeitern der *Willow Creek Association* für ihre Hingabe an Visionsvermittlung, Schulung und die Entwicklung von Materialien für Gemeindeleiter auf der ganzen Welt. Es ist ein Privileg, mit euch im selben Team arbeiten zu dürfen.

Den Mitarbeitern von *Zondervan*, besonders John Raymond, Alicia Mey und Angela Scheff, für ihre Unterstützung und Erfahrung, durch die „Underground" zu einem ausgezeichneten Buch wurde.

Meiner wunderbaren Familie – meiner Frau und besten Freundin Gloria, meiner Tochter und Prinzessin Tiffany, meinen beiden Söhnen und Partnern Brandon und Trevor. Eure Gebete, eure Unterstützung und Ermutigung bedeuten mir mehr, als ich mit Worten ausdrücken kann. Ich liebe euch von ganzem Herzen.

Was bedeutet es, ein „echter" Christ zu sein?

Seid vorsichtig, wenn ihr diese Frage beantwortet. Ihr könntet nämlich merken, dass ihr einen Berg von Regeln befolgt und Dinge tut, die euer geistliches Leben langweilig oder – schlimmer noch – lebensgefährlich machen. Wenn ihr die Frage aber anders beantwortet, könntet ihr euch in einem spannenden Abenteuer wiederfinden – in einem Leben voller Freiheit und Erfüllung, in einem Leben, in dem ihr etwas bewegen und von Gott gebraucht werden könnt.

„Underground" wurde für eure Generation von jungen Nachfolgern Jesu geschrieben, die echte geistliche Veränderung erleben wollen. Dazu gehört eine reale, lebensverändernde Begegnung mit Gott. Ihr werdet jede Woche herausgefordert werden, darüber nachzudenken, was ihr wirklich glaubt, und ihr werdet lernen, wie ihr eure Beziehung zu Gott und anderen Menschen vertiefen könnt. Vielleicht merkt ihr im Laufe der Zeit, dass „geistlich zu sein" nicht so ist, wie ihr euch das immer vorgestellt habt, und dass es aufregender und lohnender sein kann, ein Nachfolger Jesu zu sein, als ihr je gedacht habt!

Wie funktioniert es?

Wie funktioniert also geistliche Veränderung? Sie fängt mit einer Gruppe von Leuten an, die sich vornehmen, diesen Weg gemeinsam zu gehen. Sicher kann man sich auch alleine durch dieses Arbeitsbuch hindurchkämpfen, aber es ist als Gruppenreise gedacht, weil Gott uns oft in Gruppen etwas am besten beibringt.

Wenn ihr einen Gruppenleiter habt, findet ihr am Ende des Buches Anmerkungen, die diesem bei der Vorbereitung oder der Durchführung der einzelnen Einheiten helfen.

Jede Einheit beginnt mit einer Gruppenarbeit, die in das jeweilige Thema einführt. Der Gruppenarbeit folgen fünf „Impulse für den Alltag", die jeder Gruppenteilnehmer zwischen den einzelnen Treffen durchnimmt.

Bei den Themen geht es um die fünf Gs von *Willow Creek* – Gnade, Geistliches Wachstum, Gruppe, Gaben und Gute Haushalterschaft –, wobei sich jeweils zwei Einheiten mit einem „G" beschäftigen. Diese Gs sind Wegmarkierungen auf unserer geistlichen Reise, die uns zeigen, welche Fortschritte wir darin gemacht haben, Jesus ähnlicher zu werden. Am Ende dieses Buches werdet ihr merken, dass diese Reise noch nicht zu Ende ist. Geistliche Veränderung ist nämlich ein lebenslanger Prozess. Aber die fünf Gs werden euch dabei unterstützen, diese lebenslange Reise gut zu bewältigen.

Achtet darauf, dass ihr eine gute moderne Bibelübersetzung habt, etwa die „Gute Nachricht Bibel" oder „Hoffnung für alle". Sucht euch eine Bibel aus, in die ihr auch gerne etwas hineinschreibt. Ihr dürft euch mit den Themen der einzelnen Einheiten wirklich richtig auseinander setzen, und dazu gehört auch, dass ihr in eurer Bibel Abschnitte unterstreicht oder markiert.

Es liegt ganz bei euch, wie erfolgreich diese Reise für euch wird. Euer Gruppenleiter wird euch keine Vorlesung halten. Die Fragen sind offen und erfordern eure Mitarbeit, damit sie ihren Zweck erfüllen. Ihr sprecht auch nicht nur über Fragen, sondern jede Gruppenarbeit und jeder der täglichen Impulse beinhaltet einen Abschnitt unter der Überschrift „Persönlich erlebt", in dem es darum geht, das anzuwenden, was ihr gelernt habt.

Wenn ihr erfahren wollt, wie das Leben als Christ Tag für Tag ein Abenteuer sein kann, dann ist „Underground" für euch genau das Richtige.

EINHEIT 1

In der Gruppe

EINHEIT 1
Ganze Hingabe

Ihr steht am Anfang einer Reise, die zu geistlicher Veränderung führt. Bei dieser Veränderung geht es nicht in erster Linie darum, etwas *an* euch zu verändern, etwa euch die Haare wachsen zu lassen. Es geht eher um eine Veränderung eures Wesens, eures Inneren. Man kann diese Sache mit einer Raupe in einem Kokon vergleichen: Irgendwann wird aus der Raupe ein Schmetterling und das ganze Wesen dieses Tieres ist verändert. Und genau das passiert auch, wenn wir uns dafür entscheiden, Jesus nachzufolgen. Ziel dieses Arbeitsbuches ist es, euch dabei zu unterstützen, Jesus ähnlicher zu werden – von innen nach außen verändert zu werden. In den nächsten Wochen haben wir alle ein Ziel: Jesus ähnlicher zu werden. Ihr werdet darüber nachdenken, welche wesentlichen Charaktermerkmale einen ganz hingegebenen Nachfolger Jesu ausmachen. Wir in *Willow Creek* bezeichnen diese Merkmale als die fünf Gs – Gnade, Geistliches Wachstum, Gruppe, Gaben und Gute Haushalterschaft. Diese fünf Gs sind Markierungen auf eurem lebenslangen Weg der geistlichen Veränderung, mit deren Hilfe ihr eure Fortschritte messen könnt. Diese Einheiten werden euch zeigen, wie ihr die fünf Gs als Wegmarkierungen verwenden könnt, damit ihr auf dem richtigen Weg bleibt. Jesus nachzufolgen ist immer ein aufregendes und erfüllendes Abenteuer. Also, macht euch auf den Weg!

1. Beschreibt die geistlichste Person, die ihr euch vorstellen könnt. Wie würde diese Person aussehen?

2. Beschreibt nun die Person, mit der man vermutlich am meisten Spaß hätte. Wie würde diese Person aussehen?

3. Wie war es wohl, mit Jesus zusammen zu sein, als er auf der Erde lebte? War er eher wie die besonders geistliche Person oder wie die Person, mit der das Zusammensein am meisten Spaß machen würde?

Gemeinsam gelesen

Lest die Verse in dem nebenstehenden Kreis laut und sprecht in der Gruppe darüber:

>> 1. Johannes 2,6
„Wer behauptet, ständig Gemeinschaft mit ihm zu haben, muss so leben, wie Jesus gelebt hat."

>> Kolosser 3,17
„Alles, was ihr tut und was ihr sagt, soll zu erkennen geben, dass ihr Jesus, dem Herrn, gehört."

>> Markus 12,29–31
„Jesus sagte: ‚Das wichtigste Gebot ist dieses: »Höre, Israel! Der Herr ist unser Gott, der Herr und sonst keiner. Darum liebt ihn von ganzem Herzen und mit ganzem Willen, mit ganzem Verstand und mit aller Kraft.« Das zweite ist: »Liebe deinen Mitmenschen wie dich selbst!« Es gibt kein Gebot, das wichtiger ist als diese beiden.'"

Gemeinsam entdeckt

1. Woran sollen wir laut dem 1. Johannes-Brief messen, was es heißt, „geistlich" oder „gottgefällig" zu sein?

2. In welchem Bereich unseres Lebens sollen wir uns darum bemühen, so „geistlich" zu sein wie Jesus, wenn wir uns an dem orientieren, was Paulus in seinem Brief an die Gemeinde in Kolossä, einer Stadt in der heutigen Türkei, schrieb?

3. Wenn wir den Lebensstil Jesu nachahmen wollen, was sagen uns dann die Worte Jesu aus dem Markus-Evangelium darüber, welche Werte das Leben Jesu prägten?

1. Aus Gottes Perspektive ist euer geistliches Leben einfach euer ganzes Leben – jede Minute und jede kleinste Kleinigkeit. Es gibt keinen Bereich eures Lebens, aus dem Gott ausgeklammert ist oder den ihr nicht nach Gottes Maßstab leben solltet. Folgt Jesu Beispiel in allem, was ihr sagt und tut. Lest noch einmal, was Paulus im Kolosserbrief 3, Vers 17 geschrieben hat. Jeder von euch sollte sich nun aus der folgenden Liste eine Aktivität aussuchen und erklären, wie diese Aktivität sich verändern würde, wenn ihr sie so erledigen würdet, wie Jesus es tun würde.

- » aufwachen
- » den Menschen begrüßen, den man am Morgen als Erstes sieht
- » essen
- » Verhalten in der Schule
- » Musik hören
- » Sport treiben
- » Zeit mit Freunden verbringen
- » Haushaltspflichten übernehmen
- » Computer verwenden
- » Hausaufgaben machen
- » Umgang mit anderen Familienangehörigen
- » schlafen gehen

Denkt noch einmal über euer Gespräch nach. Wo solltet ihr euch herausfordern lassen und euch überlegen, wie ihr jeden Augenblick eures Lebens wie jemand leben könnt, der Jesus nachfolgt?

2. Nehmt euch einen Augenblick Zeit und notiert auf einer Tafel oder einem Flipchart alle Regeln, die man euch über Spiritualität beigebracht hat – darüber, wie man einen „echten Christen" erkennt (zum Beispiel jeden Tag eine Stille Zeit halten, die Bibel lesen etc.).

Erstellt nun eine zweite Liste, die ihr „echte Spiritualität" nennt. Schreibt unter diese Überschrift das Wort „Freiheit". Spiritualität ist eigentlich eine Liebesbeziehung zu Gott, die sich darin ausdrückt, dass man andere Menschen liebt, nicht aber darin, dass man eine Liste von Regeln befolgt. Sprecht darüber, welche Motivation sich dahinter verbirgt, wenn jemand die Regeln der ersten Liste befolgt.

3. Am besten lässt sich erkennen, ob wir wirklich so leben, wie Jesus leben würde, wenn wir uns eine einfache Frage stellen: „Werde ich Gott und anderen Menschen gegenüber liebevoller?" Trifft das auf euch zu? Seid ihr liebevoller geworden, seit ihr Christ wurdet? Wie würden die Menschen, die euch am besten kennen – eure Familie, Lehrer, Trainer, Freunde –, diese Frage beantworten?

Gemeinsam erleben

Jeder Teilnehmer sollte die zehn Grundwerte (Seite 19) und das auf dieser Seite abgedruckte Versprechen durchlesen. Unterschreibt danach dieses Versprechen und verseht es mit dem aktuellen Datum. Es soll für euch eine Verpflichtung sein, euch gegenseitig auf dieser geistlichen Reise zu unterstützen.

Wählt nun jemanden aus der Gruppe als Austauschpartner aus, dem ihr Rechenschaft ablegen wollt. Diese Person wird euch ermutigen und dafür beten, dass ihr am Ball bleibt, und ihr werdet für diese Person dasselbe tun. Ihr werdet einander fragen, wie es mit den täglichen Impulsen und geistlichen Übungen läuft. Tauscht E-Mail-Adressen und Telefonnummern aus, und nehmt euch vor, oft Kontakt zueinander aufzunehmen.

MEIN VERSPRECHEN

Ich,

_____
[dein Name]
verspreche hiermit, genau unter die Lupe zu nehmen, was es bedeutet, ein ganz hingegebener Nachfolger Jesu zu sein, und mich auf eine geistliche Reise zu begeben. Ich werde mein Bestes geben, um die Impulse für den Alltag durchzuarbeiten und an den elf Gruppentreffen teilzunehmen. Ich werde mein Bestes geben, um mein Herz, meine Seele und meinen Verstand für das zu öffnen, was Gott mir auf dieser Reise beibringen möchte.

_____ _____
(Unterschrift)   (Datum)

>> Geistliche Veränderung . . .

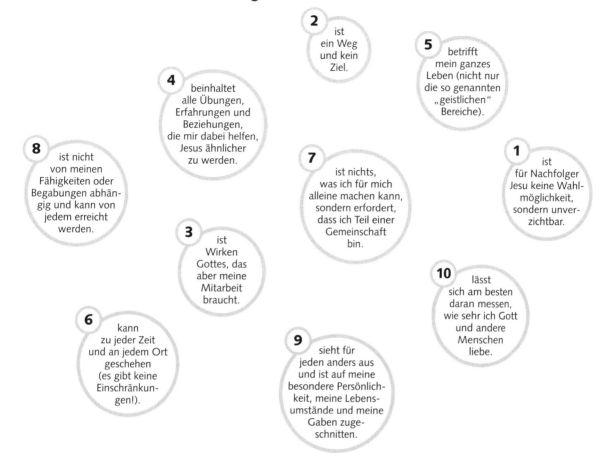

2 ist ein Weg und kein Ziel.

5 betrifft mein ganzes Leben (nicht nur die so genannten „geistlichen" Bereiche).

4 beinhaltet alle Übungen, Erfahrungen und Beziehungen, die mir dabei helfen, Jesus ähnlicher zu werden.

8 ist nicht von meinen Fähigkeiten oder Begabungen abhängig und kann von jedem erreicht werden.

7 ist nichts, was ich für mich alleine machen kann, sondern erfordert, dass ich Teil einer Gemeinschaft bin.

1 ist für Nachfolger Jesu keine Wahlmöglichkeit, sondern unverzichtbar.

3 ist Wirken Gottes, das aber meine Mitarbeit braucht.

10 lässt sich am besten daran messen, wie sehr ich Gott und andere Menschen liebe.

6 kann zu jeder Zeit und an jedem Ort geschehen (es gibt keine Einschränkungen!).

9 sieht für jeden anders aus und ist auf meine besondere Persönlichkeit, meine Lebensumstände und meine Gaben zugeschnitten.

Sprecht darüber, was ihr euch von dieser Gruppe während eurer gemeinsamen Reise erhofft. Was hofft ihr in den folgenden Wochen zu lernen und zu erleben? Habt ihr irgendwelche Zweifel oder Ängste?

Zündet eine Kerze an, wenn jeder über seine Hoffnungen und persönlichen Ziele gesprochen hat. Das Licht steht für Gottes Gegenwart (vgl. Johannes 1,9, wo Jesus als das „wahre Licht" bezeichnet wird, das „allen Menschen leuchtet"), wenn ihr euch zu diesem elfwöchigen Prozess verpflichtet. Betet dafür, dass Gott euer gemeinsames Abenteuer segnet und ihr eure Ziele erreicht. Bittet Gott auch darum, jedem Einzelnen die geistliche Veränderung zu schenken, die in den zehn Grundwerten beschrieben ist. Lest reihum die zehn Werte laut vor. Schließt dann mit einem Gebet ab, in dem ihr Gott darum bittet, euch diese Art der Veränderung in eurem Leben zu schenken.

EINHEIT ①

Impulse für den Alltag

EINHEIT 1
Ganze Hingabe

Wenn dich jemand fragt, wie „geistliches Leben" aussieht, was würdest du antworten? In diesem Buch geht es darum, die Antwort auf diese Frage zu finden und zu entdecken, wie man dieses Leben auch tatsächlich leben kann. Unsere Vorstellung von einem „geistlichen Leben" bestimmt, welchen Weg wir auf unserer Reise mit Gott einschlagen. Wenn wir dieselbe Perspektive wie Gott haben, werden wir den richtigen Weg wählen und zu einem völlig hingegebenen Nachfolger Jesu werden. Wenn sich unsere Sicht aber von der Gottes unterscheidet, werden wir uns für den falschen Weg entscheiden und unsere Zeit möglicherweise mit Dingen verschwenden, die uns nicht dabei helfen, uns geistlich zu verändern, oder uns sogar schaden. Wie sieht dein geistliches Leben aus? Die folgenden „Impulse für den Alltag" werden dir einen Einblick geben, was geistliches Leben bedeutet, und dir helfen, so zu leben, wie Jesus es tun würde.

Alles geben, was du hast

Die Bibeltexte aus der Gruppenarbeit helfen uns zu begreifen, was unter Spiritualität wirklich zu verstehen ist: so zu leben, „wie Christus gelebt hat", und so, dass man erkennen kann, „dass ihr Jesus, dem Herrn, gehört". Schau dir diese Verse nun noch einmal genauer an, um zu sehen, wie du dich bei dem Wettkampf verhalten sollst, für den Gott dich aufgestellt hat.

Persönlich gesehen

Unterstreiche oder markiere diese Verse in deiner Bibel:

Persönlich gefragt

1. Wenn du darüber nachdenkst, was Johannes (im 1. Johannes-Brief) darüber schreibt, wie ein Nachfolger Jesu leben sollte, hältst du dich dann für einen Nachfolger Jesu? Warum oder warum nicht?

>> **1. Johannes 2,6**
„Wer behauptet, ständig Gemeinschaft mit ihm zu haben, muss *so leben, wie Jesus gelebt hat.*"

>> **Kolosser 3,17**
„Alles, was ihr tut und was ihr sagt, soll zu erkennen geben, dass ihr Jesus, dem Herrn, gehört."

>> **Markus 12,29–31**
„Jesus sagte: ‚Das wichtigste Gebot ist dieses: »Höre, Israel! Der Herr ist unser Gott, der Herr und sonst keiner. Darum *liebt ihn von ganzem Herzen und mit ganzem Willen, mit ganzem Verstand und mit aller Kraft.*« Das zweite ist: »Liebe deinen Mitmenschen wie dich selbst!« Es gibt kein Gebot, das wichtiger ist als diese beiden.'"

2. Warum sollen wir wohl so leben, dass erkennbar ist, „dass wir zu Jesus gehören"? Inwiefern würde dein Leben anders aussehen als bisher, wenn du so leben würdest?

3. Beschreibe, wie groß unsere Liebe für Gott sein soll, wenn du davon ausgehst, was Jesus darüber sagt (vgl. Markus 12). Was bleibt von uns übrig, wenn wir mit ganzem Herzen, mit ganzem Willen, mit ganzem Verstand und mit aller Kraft geliebt haben?

Jemand, der ganz hingegeben ist, möchte Jesus noch besser kennen lernen und so leben, als ob Jesus an seiner Stelle wäre – denken, wie er denkt, reden, wie er redet, seinen Alltag so angehen, wie er es tun würde. Inwieweit spiegelt diese Einstellung dein Leben und deine Hingabe wider? Formuliere in dem folgenden Freiraum einen Brief an Gott, in dem du etwas von deinen Zweifeln und den Lebensbereichen berichtest, in denen du wahrscheinlich Kämpfe austragen wirst, wenn du dich in ein Leben aufmachst, das so aussieht, wie das Leben Jesu aussah. Schreibe von deiner Sehnsucht, sein ganz hingegebener Nachfolger zu werden. Bitte Gott darum, dir in den nächsten Wochen dabei zu helfen, Jesus ähnlicher zu werden. Bringe in diesem Brief auch deine Gedanken und Gefühle zum Ausdruck.

Persönlich erlebt

Frage dich morgen in der Schule nach jeder Unterrichtsstunde, ob du liebevoller gegenüber Gott und anderen Menschen geworden bist. Trage ein Gummiband am Handgelenk oder an deiner Uhr, das dich daran erinnern soll, zu versuchen, Jesus ähnlicher zu werden. Achte darauf, wie diese Erinnerungsstütze dein Verhalten im Laufe des Tages beeinflusst.

Ein Marathon, kein Sprint

Zu einem völlig hingegebenen Nachfolger Jesu wird man nicht von einer Sekunde auf die andere. Es braucht seine Zeit – tatsächlich geht es um eine lebenslange Reise. Wichtig dabei ist, dass wir im Rennen bleiben und wissen, dass Gott uns bis zur Ziellinie bringen wird.

Persönlich gesehen

Unterstreiche oder markiere diese Verse in deiner Bibel:

>> 1. Korinther 9,24–26

„Ihr wisst doch, dass an einem Wettlauf viele teilnehmen; aber nur einer bekommt den Preis, den Siegeskranz. *Darum lauft so, dass ihr den Kranz gewinnt!* Alle, die an einem Wettkampf teilnehmen wollen, nehmen harte Einschränkungen auf sich. Sie tun es für einen Siegeskranz, der vergeht. Aber auf uns wartet ein Siegeskranz, der unvergänglich ist. Darum laufe ich wie einer, der das Ziel erreichen will."

>> 2. Timotheus 4,7

„Ich habe den *guten Kampf des Glaubens* gekämpft. Ich bin am *Ziel des Wettlaufs*, zu dem ich angetreten bin. Ich habe den Glauben *unversehrt bewahrt* und weitergegeben."

>> Hebräer 12,1–2

„Alle diese Zeugen, die uns wie eine Wolke umgeben, spornen uns an. Darum lasst uns durchhalten in dem Wettlauf, zu dem wir angetreten sind, und *alles ablegen, was uns dabei hindert, vor allem die Sünde, die uns so leicht umgarnt!* Wir wollen den Blick auf Jesus richten, der uns auf dem Weg vertrauenden Glaubens vorausgegangen ist und uns auch ans Ziel bringt."

Persönlich gefragt

1. Alle drei Textabschnitte bezeichnen das Leben eines Christen als ein Wettrennen. Inwiefern ist es wie in einem Wettrennen, wenn man ein Nachfolger Jesu ist? Was ist wohl der Siegeskranz, auf den Paulus hinweist?

2. Welche drei Leistungen erwähnt Paulus in seinem Brief an Timotheus? Unterstreiche sie. Wie könnten diese drei Aktionsschritte in deinem Leben aussehen?

3. Wovon müssen wir uns freimachen (ausgehend vom Hebräer-Text), wenn wir das Rennen bestehen wollen? Welche Strategie wird empfohlen, um genügend Ausdauer für das Rennen zu haben?

Persönlich nachgedacht

Wie gut läufst du das Rennen, für das Gott dich aufgestellt hat? Wovon musst du dich befreien? Wo brauchst du mehr Durchhaltevermögen? Schreibe in den folgenden Freiraum, was du brauchst, um für das Rennen deines Lebens bereit zu sein. Formuliere dann ein schriftliches Gebet, in dem du Gott sagst, wo du Hilfe brauchst. Bitte ihn, dir mit den folgenden Bibelarbeiten und Impulsen zu helfen, das Rennen zu bestehen, das er für dich vorgesehen hat.

Persönlich erlebt

Mach einen kleinen Spaziergang (wenn dir das nicht möglich ist, dann schließe einfach die Augen und stelle dir vor, du würdest einen Spaziergang mit Gott machen). Unterhalte dich während des Spaziergangs mit Gott über dein Leben. Lass dich durch den Spaziergang an das Wettrennen erinnern, in das Gott dich gestellt hat. Erinnere dich an zwei Dinge: Es ist kein Sprint und Gott ist immer da und läuft neben dir.

Schulabschluss

Stell dir vor, dass du heute deinen Schulabschluss machst. Du bist sehr aufgeregt! Alle deine Freunde und Familienangehörigen sind da, um deinen großen Tag zu feiern. Als dein Name aufgerufen wird, gehst du nach vorne und bekommst dein Zeugnis – du hast die erste Klasse geschafft. Die letzten 18 Jahre scheinen wie im Flug vergangen zu sein. Aber du hast es geschafft und kommst nun in die zweite Klasse.

Was stimmt an diesem Bild nicht? Man sollte nicht 18 Jahre alt sein, wenn man in die zweite Klasse kommt. Irgendetwas ist da schief gelaufen.

Persönlich gesehen

Unterstreiche oder markiere die folgenden Verse in deiner Bibel:

Persönlich gefragt

1. Was sagt Sprichwörter 22, Vers 6 darüber aus, welche Bedeutung es hat, als junger Mensch etwas über Gott zu erfahren?

>> **Sprichwörter 22,6**
„Bring einem Kind am Anfang seines Lebens gute Gewohnheiten bei, es wird sie auch im Alter nicht vergessen."

>> **Sprichwörter 20,11**
„Schon einen jungen Menschen erkennst du an seinen Taten; du siehst daran, ob er Charakter hat."

>> **1. Korinther 13,11**
„Einst, als ich noch ein Kind war, da redete ich wie ein Kind, ich fühlte und dachte wie ein Kind. *Als ich dann aber erwachsen war, habe ich die kindlichen Vorstellungen abgelegt."*

2. Inwiefern offenbart unser Verhalten, wer wir sind (vgl. Sprichwörter 20,11)?

3. Auf der Grundlage von 1. Korinther 13, Vers 11: Inwiefern lässt sich ein Leben als Nachfolger Jesu mit dem Erwachsenwerden vergleichen?
Welche kindlichen Dinge musst du ablegen?

Denke darüber nach, wie lange du schon versuchst, Jesu nachzufolgen. (Wenn du diese Entscheidung noch nicht getroffen hast, dann sprich mit dem Leiter deiner Gruppe über die Fragen, die du dazu vielleicht noch hast.) An dem Tag, an dem du Christ wurdest, warst du, unabhängig von deinem Alter, wie ein Kind. Du solltest jede Woche, jeden Monat und jedes Jahr in deiner Beziehung zu Christus weiterkommen. Wie in der Geschichte von dem 18-Jährigen, der von der ersten in die zweite Klasse kam, läuft etwas falsch, wenn wir keine Fortschritte in unserem Leben als Nachfolger Jesu machen.

Überprüfe anhand der folgenden Liste die wichtigen Punkte deines Lebens als Christ. (Wenn du noch kein Nachfolger Jesu bist, dann halte damit Rückschau auf dein bisheriges Leben.)

Ich war _____ Jahre alt, als ich zum Glauben kam.

Seit ich Christ bin, bin ich Jesus in folgenden Bereichen ähnlicher geworden (Zutreffendes bitte ankreuzen):

- ○ Ich habe mehr Mitgefühl für meine Freunde, die Jesus noch nicht kennen.
- ○ Ich habe mit einem Menschen über meinen Glauben gesprochen, der mir wichtig ist.
- ○ Ich habe eine größere Sehnsucht danach, Christus ähnlicher zu werden.
- ○ Ich freue mich immer darauf, wenn ich Zeit alleine mit Gott verbringen kann.
- ○ Ich bin liebevoller gegenüber meiner Familie und meinen Freunden.
- ○ Ich möchte mehr gemeinsam mit anderen Christen lernen und im Glauben wachsen.
- ○ Ich bin eher bereit, anderen zu helfen und zu dienen.
- ○ Ich glaube, dass alles, was ich besitze, ein Geschenk von Gott ist und ihm gehört.

Schreibe weitere Bereiche auf, in denen du Christus ähnlicher geworden bist.

Orientiere dich an der Liste von Seite 27 und notiere dir zwei oder drei Bereiche, auf die du dich in den folgenden Wochen besonders konzentrieren möchtest, um Jesus darin ähnlicher zu werden.

Persönlich erlebt

Nimm dir Buntstifte und Papier und male ein Bild mit der weniger geübten Hand (wenn du normalerweise Rechtshänder bist, dann verwende deine linke Hand). Dieses Bild steht dafür, wie ein Leben aussieht, in dem man als Nachfolger Jesu nicht gereift, sondern ein Kind geblieben ist. Bete danach und bitte Gott, dir zu helfen, deine kindlichen Dinge abzulegen und als Christ zu wachsen. Unterschreibe nun dein Bild und versehe es mit dem aktuellen Datum. Schreibe darüber: „Heute ist Schulabschluss." Hänge das Bild in deinem Zimmer auf, um dich daran zu erinnern, dass du in diesem Jahr als Christ weiterkommen willst. Es soll dir dabei helfen, die Reise auch zu vollenden, die du begonnen hast, um ein ganz hingegebener Nachfolger Jesu zu werden.

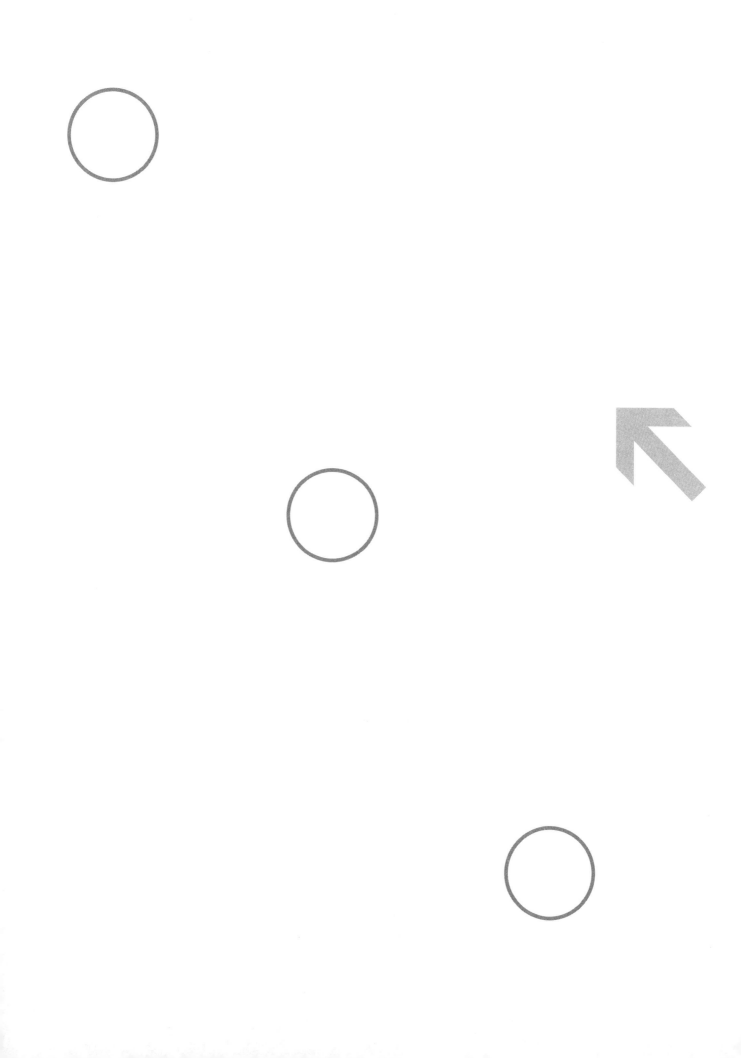

Unterwegs mit Gott

Super! Du bist dabei, zu einem ganz hingegebenen Nachfolger Jesu zu werden. Zeit alleine mit Gott zu verbringen ist ein ganz wesentliches Element deiner geistlichen Reise. Dadurch wird sich dein Leben verändern. Wenn man sich einfach Zeit nimmt, sich mit jemandem am Telefon oder online unterhält, stärkt man eine Freundschaft. Genau so ist es, wenn man Zeit mit Gott verbringt. Bleib am Ball. Das wird dein Leben auf den Kopf stellen, und du wirst merken, wie kostbar eine Freundschaft mit Gott sein kann.

Persönlich gesehen

Unterstreiche oder markiere diese Verse in deiner Bibel:

Persönlich gefragt

1. Was sagen diese Bibeltexte über Gottes Freundschaft mit dir aus?

2. Wie war es deiner Ansicht nach wohl für Mose, als Gott zu ihm „wie ein Mensch mit einem andern" sprach?

3. Kannst du in deinem Glauben wachsen, ohne Zeit mit Gott zu verbringen oder in der Bibel, seinem Wort, zu lesen? Inwiefern ändert sich deine Haltung dazu – Zeit mit Gott zu verbringen und Bibel zu lesen –, wenn du es als Weg siehst, Gott als Freund kennen zu lernen, und nicht nur, eine Menge Regeln zu befolgen?

> **>> Sprichwörter 18,24**
> „So genannte Freunde können dich ruinieren; aber ein echter Freund hält fester zu dir als ein Bruder."
>
> **>> Exodus 33,11**
> „Der Herr sprach mit Mose Auge in Auge wie ein Mensch mit einem andern."

4. Denke an die positivste Erfahrung, die du jemals mit Freunden gemacht hast. Was machte diese Erfahrung zu etwas so Besonderem? Wie kann deine Freundschaft mit Gott genauso toll werden?

Persönlich nachgedacht

Denke einmal darüber nach, welche Namen du für Gott kennst – beispielsweise König, Herr, Erlöser, der Allmächtige, der große „Ich bin". Füge dieser Liste nun einen weiteren Namen hinzu: Freund. Inwiefern verändert es deine Beziehung und deine Gespräche zu Gott, wenn du ihn als Freund kennst? Schreibe in den folgenden Leerraum einen Brief an Gott, in dem du ihm sagst, dass du deine Beziehung zu ihm festigen möchtest, indem du dich jeden Tag mit diesen kurzen Impulsen beschäftigst. Schreibe ihm auch von deinem Wunsch, eine Freundschaft zu ihm aufzubauen, die ein Leben lang Bestand hat.

Persönlich erlebt

Schreibe in den folgenden Leerraum: „Ganz hingegebener Nachfolger". Darunter schreibe: „Ganz hingegebener Freund". Nimm dir etwas Zeit, um dich mit Gott so zu unterhalten, wie du es mit einem guten Freund tun würdest. Erzähle ihm noch einmal von deinem Wunsch, eine Freundschaft zu ihm aufzubauen. Sage Gott, dass du dich darauf freust, in den nächsten Wochen jeden Tag die Zeit dieser „Impulse für den Alltag" mit ihm zu verbringen.

IMPULS 5

Du selbst sein

Diese Bibelarbeiten und Impulse werden dich auf einen spannenden Weg in ein geistliches Abenteuer führen. Deshalb ist es sehr wichtig, dass du ehrlich zugibst, wer du bist. Ganz du selbst zu sein und deine Beziehung zu Jesus ehrlich auf den Prüfstand zu stellen ist einer der Wege, wie du in der Nachfolge Jesu weiterkommen kannst.

Persönlich gesehen

Unterstreiche oder markiere diese Verse in deiner Bibel:

>> **Psalm 119,11**
„*Was du gesagt hast, präge ich mir ein*, weil ich vor dir nicht schuldig werden will.“

>> **1. Timotheus 4,16**
„*Achte auf dein Leben* und auf deine Lehre; überprüfe sie beide ständig. Dann wirst du dich selbst retten und die, die dir zuhören.“

>> **Römer 4,20–21**
„[Abraham] *zweifelte nicht an der Zusage Gottes*, vielmehr wurde sein Glaube nur umso fester. Er gab Gott die Ehre und *war felsenfest davon überzeugt*: Was Gott zusagt, das kann er auch tun.“

Persönlich gefragt

1. Warum ist es so wichtig, Gottes Wort zu kennen? Beziehe dich bei deiner Antwort auf die ersten beiden Bibelverse.

2. Wie sicher bist du, wenn es darum geht, „felsenfest überzeugt“ zu sein, dass Gott die Macht hat, alles zu tun, was er verspricht?

Wie gut weißt du als Christ über das Bescheid, was du glaubst? Markiere auf den folgenden Skalen ehrlich, an welchem Punkt du gerade auf deiner Reise mit Jesus stehst. Das soll der Ausgangspunkt sein, von dem aus du deine Weiterentwicklung in den kommenden Wochen beurteilen kannst. Kreuze in den folgenden Skalen nun ehrlich die Ziffer an, die jeweils am besten beschreibt, wo du geistlich stehst.

Was ich glaube

1   2   3   4   5   6   7   8   9   10

Ich kenne die Glaubensüberzeugungen meiner Glaubensrichtung nicht.

Ich kenne einige grundlegende Glaubensüberzeugungen.

Ich kenne einige der Glaubensüberzeugungen, bin mir darin aber nicht so sicher.

Ich fühle mich mit den Glaubensüberzeugungen meiner Glaubensrichtung vertraut.

Das Wort Gottes

1   2   3   4   5   6   7   8   9   10

Ich kenne das Wort Gottes nicht.

Ich kenne einige Geschichten aus der Bibel.

Ich kenne mich in der Bibel aus und möchte gerne mehr davon kennen lernen.

Ich lese gerne in der Bibel – sie hilft mir, als Christ stark zu bleiben.

Gottes Versprechen für mich

1   2   3   4   5   6   7   8   9   10

Ich kenne Gottes Versprechen für mich nicht.

Ich weiß nicht, warum es wichtig ist, sie zu kennen.

Ich kenne einige der Versprechen Gottes für mich.

Ich weiß und glaube von ganzem Herzen, was Gott mir versprochen hat.

Nimm dir einen Augenblick Zeit zu beten und bitte Gott, dir dabei zu helfen, eine starke Freundschaft zu ihm aufzubauen. Danke ihm für die Kleingruppe, die er dir für die Zeit der Beschäftigung mit diesem Buch an die Seite gestellt hat. Bitte ihn, die Zeit in der Gruppe und die Zeit, die du mit ihm alleine verbringst, dazu zu nutzen, dich auf deiner Reise in die Nachfolge Jesu vorwärts zu bringen. Schaue nun noch einmal die Skalen an und kreise auf jeder Skala die Ziffer ein, die du am Ende dieses Arbeitsbuches erreicht haben möchtest. Setze dir diese Ziffern als Ziel, das du in dieser Zeit erreichen möchtest.

Erzähle in dieser Woche den anderen Mitgliedern deiner Gruppe, wo du dich selbst auf den Skalen eingeordnet hast. Sprich mit ihnen auch über deinen Wunsch, in den kommenden Wochen eine stärkere Freundschaft zu Gott aufzubauen.

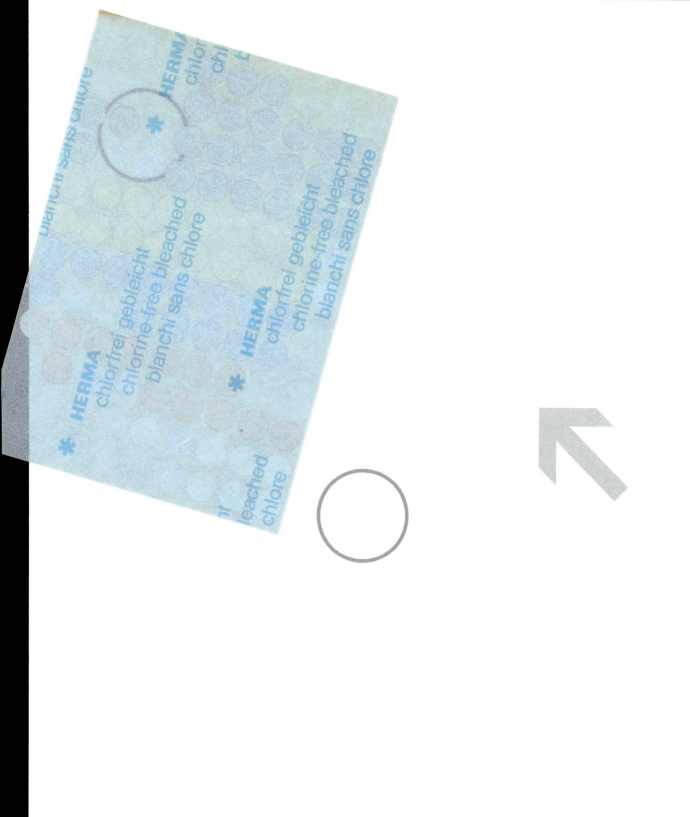

EINHEIT 2

In der Gruppe

EINHEIT 2
Gnade

Teil 1: Ein echtes Geschenk

Die Woche im Rückblick

1. Beschreibe den anderen Teilnehmern deiner Gruppe, was für dich während der täglichen Impulse die wertvollste Erkenntnis war.

2. Beschreibe die für dich wertvollste praktische Aktivität.

3. Erzähle den anderen, wo du dich auf den Skalen von Seite 33 eingeordnet hast.

4. Welche Fragen oder Bedenken haben die täglichen Impulse bei dir ausgelöst?

In seinem Buch „Gnade ist nicht nur ein Wort" erzählt Philipp Yancey die Geschichte von einem Mädchen aus einem kleinen Kaff in Michigan, das Probleme mit seinen Eltern hat. Ihre Eltern haben etwas gegen ihr Nasenpiercing, gegen ihre Musik, ihre Kleidung – schließlich hat sie das Gefühl, die einzige Lösung bestünde darin, von zu Hause wegzulaufen. Sie schafft es bis nach Detroit, wo sie einem Mann begegnet, der den größten Wagen fährt, den sie je gesehen hatte. Er bringt ihr bei, wie man Männern gefällt, bringt sie in einer Penthauswohnung unter und steckt sie in teure Klamotten. Einige Monate lang lebt sie ein gutes Leben und verkauft ihre „Dienste", während sie unter Drogen steht. Dann wird sie krank. Ihr „Chef" wirft sie hinaus und bald schon findet sie sich auf der Straße wieder. Ihr Husten wird immer schlimmer, und ihr wird klar, dass sie so nicht lange überleben wird. Dann kommt ihr ein Gedanke: nach Hause!

Sie ruft ihre Eltern an, erreicht aber nur den Anrufbeantworter. Sie legt sich einen Plan zurecht und hinterlässt eine Nachricht: „Vati, Mama, ich bin es. Ich würde am liebsten heimkommen. Ich nehme den Bus zu euch und bin morgen gegen Mitternacht da. Wenn ihr nicht da seid, bleibe ich im Bus, bis ich in Kanada ankomme." Unterwegs wird ihr klar, dass das doch keine so gute Idee war. Denn was ist, wenn ihre Eltern unterwegs waren und ihre Nachricht nicht abgehört haben? Als der Bus um Mitternacht am Busbahnhof ihres Heimatortes ankommt, sagt der Busfahrer an, dass der Bus 15 Minuten Aufenthalt haben wird. Sie weiß nicht, was sie erwartet, aber als sie das Bahnhofsgebäude betritt, sieht sie etwas, mit dem sie absolut nicht gerechnet hat. Etwa 40 von ihren Verwandten stehen da: Brüder, Schwestern, Cousins, Tanten, Onkel, ihre Großmutter und sogar ihre Urgroßmutter – und ihre Eltern. Alle haben Partyhüte auf dem Kopf und stehen unter einem riesigen Transparent, auf dem „Willkommen zu Hause" steht.

Das ist Gnade. Ein unerwartetes Geschenk. Gnade steht in vielerlei Hinsicht im Zentrum des Lebens eines Christen. Gnade beschreibt die absolute Grundlage unserer Beziehung zu Gott. Eigentlich bedeutet Gnade so viel wie „ein unverdientes Geschenk" oder „eine besondere Gunst". Durch den Tod Jesu am Kreuz haben wir eine besondere Gunst erhalten: das unverdiente Geschenk der Erlösung.

1. Erzähle davon, wie dir einmal jemand Gnade erwiesen hat. (Zum Beispiel: Du bist zu schnell gefahren, hast aber keinen Strafzettel bekommen, oder du hast ein Geschenk bekommen, das du nicht verdient hattest.)

2. Wie fühlst du dich, wenn dir jemand Gnade erweist? Verändert es die Art und Weise, wie du Entscheidungen triffst? Warum oder warum nicht?

Gemeinsam gelesen

Lest die Geschichte, die Jesus von einem Vater und seinen beiden Söhnen erzählt.

>> Lukas 15,11–19

„Ein Mann hatte zwei Söhne. Der jüngere sagte: ‚Vater, gib mir den Teil der Erbschaft, der mir zusteht!' Da teilte der Vater seinen Besitz unter die beiden auf. Nach ein paar Tagen machte der jüngere Sohn seinen ganzen Anteil zu Geld und zog weit weg in die Fremde. Dort lebte er in Saus und Braus und verjubelte alles. Als er nichts mehr hatte, brach in jenem Land eine große Hungersnot aus; da ging es ihm schlecht. Er hängte sich an einen Bürger des Landes, der schickte ihn aufs Feld zum Schweinehüten. Er war so hungrig, dass er auch mit dem Schweinefutter zufrieden gewesen wäre; aber er bekam nichts davon. Endlich ging er in sich und sagte: ‚Mein Vater hat so viele Arbeiter, die bekommen alle mehr, als sie essen können, und ich komme hier um vor Hunger. Ich will zu meinem Vater gehen und zu ihm sagen: Vater, ich bin vor Gott und vor dir schuldig geworden; ich bin es nicht mehr wert, dein Sohn zu sein. Nimm mich als einen deiner Arbeiter in Dienst!'"

Gemeinsam entdeckt

1. Warum entsprach der Vater eurer Meinung nach wohl dem Wunsch des Sohnes und gab ihm die Hälfte seines Besitzes?

2. Was bedeutet es, wenn es heißt, der Sohn „ging in sich"? Habt ihr schon einmal erlebt, dass ihr in einer Situation in euch gegangen und zur Besinnung gekommen seid? Erzählt davon.

3. Nachdem der Sohn „in sich gegangen" war und sich vorgenommen hatte, wieder nach Hause zurückzukehren, welches Verhalten erwartete er von seinem Vater? Warum?

Lest Lukas 15, Verse 20 bis 24 zusammen.

Gemeinsam entdeckt

1. Was hat der Vater wohl über das Geständnis seines Sohnes gedacht?
   Was hat der Vater getan, bevor sein Sohn auch nur ein Wort gesagt hatte?
   Was hat er danach getan?

>> Lukas 15,20–24

„So machte er sich auf den Weg zu seinem Vater. Er war noch ein gutes Stück vom Haus entfernt, da sah ihn schon sein Vater kommen, und das Mitleid ergriff ihn. Er lief ihm entgegen, fiel ihm um den Hals und überhäufte ihn mit Küssen. ‚Vater‘, sagte der Sohn, ‚ich bin vor Gott und vor dir schuldig geworden, ich bin es nicht mehr wert, dein Sohn zu sein!‘ Aber der Vater rief seinen Dienern zu: ‚Schnell, holt das beste Kleid für ihn, steckt ihm einen Ring an den Finger und bringt ihm Schuhe! Holt das Mastkalb und schlachtet es! Wir wollen ein Fest feiern und uns freuen! Denn mein Sohn hier war tot, jetzt lebt er wieder. Er war verloren, jetzt ist er wiedergefunden.‘ Und sie begannen zu feiern.“

2. Wie hat der Vater seinem Sohn Gnade erwiesen?

Gemeinsam gelesen

Lest Lukas 15, Verse 25 bis 32 zusammen.

>> Lukas 15,25–32

„Der ältere Sohn war noch auf dem Feld. Als er zurückkam und sich dem Haus näherte, hörte er das Singen und Tanzen. Er rief einen der Diener herbei und fragte ihn, was denn da los sei. Der sagte: ‚Dein Bruder ist zurückgekommen, und dein Vater hat das Mastkalb schlachten lassen, weil er ihn gesund wiederhat.‘ Der ältere Sohn wurde zornig und wollte nicht ins Haus gehen. Da kam der Vater heraus und redete ihm gut zu. Aber der Sohn sagte zu ihm: ‚Du weißt doch: All die Jahre habe ich wie ein Sklave für dich geschuftet ...‘“

„‚.... nie war ich dir ungehorsam. Was habe ich dafür bekommen? Mir hast du nie auch nur einen Ziegenbock gegeben, damit ich mit meinen Freunden feiern konnte. Aber der da, dein Sohn, hat dein Geld mit Huren durchgebracht; und jetzt kommt er nach Hause, da schlachtest du gleich das Mastkalb für ihn.' ‚Mein Sohn', sagte der Vater, ‚du bist immer bei mir, und dir gehört alles, was ich habe. Wir konnten doch gar nicht anders als feiern und uns freuen! Denn dein Bruder war tot, jetzt ist er wieder am Leben. Er war verloren, und jetzt ist er wiedergefunden.'"

1. Warum war der ältere Bruder so wütend? War dieses Gefühl gerechtfertigt?

2. Jesus erzählte diese Geschichte, um zu zeigen, wie unser himmlischer Vater ist, und uns einen Eindruck von seiner Gnade zu vermitteln. Lies dir diese Geschichte nochmals durch, und achte auf alles, was der Vater tut. Was lernen wir daraus über Gott, unseren Vater? Was sagt das über die Dinge aus, die er für dich tun will?

Schreibt auf eine Tafel oder auf ein Flipchart die verschiedenen Bezeichnungen, die euch für „Vater" einfallen (beispielsweise Papa, Abba, Dad). Wenn die Liste fertig ist, sucht euch reihum einen Namen aus und sagt: „Gott, du bist mein _____." Sprecht diesen Satz abwechselnd laut aus. Das soll euch daran erinnern, dass Gott wirklich euer himmlischer Vater ist, der euch liebt und immer für euch da ist.

Dankt Gott im gemeinsamen Gebet für sein Geschenk der Gnade, dafür, dass er euer himmlischer Vater ist, und für alles, was ihr in dieser Bibelarbeit gelernt habt. Bittet Gott, in der nächsten Woche euer Verständnis von Gnade durch die „Impulse für den Alltag" zu vertiefen.

EINHEIT ②

Impulse für den Alltag

EINHEIT 2
Gnade

Teil 1: Ein echtes Geschenk

In diesen „Impulsen für den Alltag" wirst du mehr über dieses Geschenk der Gnade Gottes erfahren. Dies ist das erste der fünf Gs. Merke dir, welche Fragen oder Bedenken du hast, damit du sie beim nächsten Treffen eurer Gruppe ansprechen kannst.

Das Geschenk annehmen

Warum begibt man sich auf eine geistliche Reise? Reisen machen Arbeit: Man muss sich vorbereiten, trainieren, man kann auf Hindernisse und vielleicht sogar auf Gefahren stoßen. Wir lassen uns auf eine solche Reise ein, weil wir dort mit Gott in Verbindung kommen und Vergebung, Freiheit und den Sinn unseres Lebens finden. Jesus, der Sohn Gottes, machte diese Reise möglich, indem er sein Leben für uns am Kreuz opferte. Nur durch den Tod Jesu und seine Rückkehr ins Leben haben wir die Hoffnung, wieder mit Gott ins Reine zu kommen und das Leben zu leben, wie es sein sollte – ein Leben voller Vergebung, Freude und Abenteuer. Nur so können wir lernen, Jesus immer ähnlicher zu werden. Diese Reise beginnt, wenn wir für uns in Anspruch nehmen, was Jesus für uns getan hat, und das Geschenk in Empfang nehmen, das er uns geben möchte. Dieses grundlegende Prinzip wird in der Bibel oft als „Gnade" beschrieben, was so viel bedeutet wie „etwas bekommen, das wir nicht verdienen und uns nicht verdient haben".

Persönlich gesehen

Unterstreiche oder markiere in deiner Bibel diese Verse aus den Briefen des Apostels Paulus:

Persönlich gefragt

1. Warum ist es für Paulus so wichtig, dass wir verstehen, dass Gnade völlig umsonst ist – wir sie uns also nicht erarbeiten oder verdienen können?

>> **Epheser 2,8–10**
„Eure Rettung ist wirklich reine Gnade und ihr empfangt sie allein durch den Glauben. Ihr selbst habt nichts dazu getan, sie ist Gottes Geschenk. *Ihr habt sie nicht durch irgendein Tun verdient; denn niemand soll sich mit irgendetwas rühmen können.* Wir sind ganz und gar Gottes Werk. Durch Jesus Christus hat er uns so geschaffen, dass wir nun Gutes tun können."

>> **Römer 3,25**
„Ihn hat Gott vor aller Welt als Sühnezeichen aufgerichtet. *Durch sein Blut, das am Kreuz vergossen wurde, ist die Schuld getilgt. Das wird wirksam für alle, die es im Glauben annehmen.*"

>> **Römer 6,23**
„Der Lohn, den die Sünde zahlt, ist der Tod. *Gott aber schenkt uns unverdient, aus reiner Gnade, ewiges Leben durch Jesus Christus, unseren Herrn.*"

2. Welche Rolle spielt Jesus dabei, wenn wir dieses Geschenk bekommen?

3. Wenn es Jesus nicht gäbe, welches Schicksal würden wir dann verdienen und warum?

Persönlich nachgedacht

Du bekommst Gottes Liebe und Vergebung nicht wegen deiner Leistungen oder weil du erfolgreich Regeln befolgt hast, nach denen du leben sollst. Beides ist völlig kostenlos und nur durch den Glauben an Jesus zu bekommen. Nimm dir einen Augenblick Zeit, und danke ihm für dieses Geschenk, wenn du die Gnade Gottes bereits angenommen hast. Wenn du dieses Geschenk der Gnade noch nicht angenommen hast, denke darüber nach, und schreibe in den folgenden Leerraum, was dich davon abhält, den nächsten Schritt zu gehen, wenn du weißt, wie dieser Schritt aussieht. Bitte Gott, dir dabei zu helfen, die Antworten auf deine Fragen zu finden.

Persönlich erlebt

Zünde eine Kerze in deinem Zimmer an, die für das Licht und die Wahrheit Gottes stehen soll, die er dir als Orientierung für deine lebenslange Reise gegeben hat. Lies die Verse dieses Impulses – Epheser 2,8–10, Römer 3,25 und 3,23 – noch einmal laut. Sage Gott, wie dankbar du dafür bist, dass dir deine Sünden vergeben sind, dass du einen Vater im Himmel hast, der heute bei dir ist und dir verspricht, für den Rest deines Lebens an deiner Seite zu bleiben. (Eine Sünde ist alles in Gedanken, Worten oder Taten, das nicht Gottes heiligem Maßstab für uns entspricht.) Wenn du Jesu kostenloses Geschenk der Gnade noch nicht angenommen hast, dann denke darüber nach, was dich von dieser Entscheidung abhält.

I 2

Ein Geschenk, das freimacht

Ein Nachfolger Jesu zu werden bedeutet, anzunehmen, wer Gott ist und was Jesus für uns getan hat. Aber es bedeutet auch, den Tatsachen über sich selbst ins Auge zu schauen – vor allem denen, die wir uns nicht so gerne eingestehen, ganz zu schweigen davon, dass wir mit anderen nicht darüber sprechen. Aber Gott möchte nicht, dass wir so leben. Er wünscht sich vielmehr, dass wir bereitwillig die unangenehmen Wahrheiten über uns selbst zugeben, denn nur so können wir echte Freiheit erleben. Diese Freiheit entsteht, wenn wir annehmen, dass Gott, unser Vater, uns aus Gnade annimmt und wir nicht länger so tun müssen, als ob wir „gut genug" seien, um seine Liebe zu bekommen. Die radikale Wahrheit lautet, dass Gott uns gerne in seine Familie aufnimmt, egal, was wir in der Vergangenheit getan haben, und egal, was wir in der Zukunft noch tun werden.

Persönlich gesehen

Unterstreiche oder markiere folgende Verse in deiner Bibel:

>> **Psalm 51,12–14**
„Gott, schaffe mich neu: Gib mir ein Herz, das dir völlig gehört, und einen Geist, der beständig zu dir hält. Vertreibe mich nicht aus deiner Nähe, entzieh mir nicht deinen Heiligen Geist! Mach mich doch wieder froh durch deine Hilfe, und gib mir ein gehorsames Herz!"

>> **1. Johannes 1,9**
„Wenn wir aber unsere Verfehlungen eingestehen, können wir damit rechnen, dass Gott treu und gerecht ist: Er wird uns dann unsere Verfehlungen vergeben und uns von aller Schuld reinigen, die wir auf uns geladen haben."

>> **2. Korinther 3,16–18**
„‚Wenn er sich dem Herrn zuwendet, wird die Verhüllung [Masken] weggenommen.' Der Herr aber, von dem dieses Wort spricht, nämlich Jesus Christus, wirkt durch seinen Geist. Und wo der Geist des Herrn ist, da ist Freiheit. Wir alle sehen mit unverhülltem Gesicht die Herrlichkeit des Herrn wie in einem Spiegel. Dabei werden wir selbst in sein Bild verwandelt und bekommen mehr und mehr Anteil an seiner Herrlichkeit. Das bewirkt der Herr durch seinen Geist."

1. Welche Masken (Verhüllungen) trägst du, die verhindern, dass du zu einem Spiegel wirst, der Jesus in deinem Leben widerspiegelt?

2. Beschreibe anhand dieser Verse, was passiert, wenn wir zu Gott kommen und die unangenehme Wahrheit über unsere Sünden zugeben.

Schreibe in den folgenden Freiraum, welche Möglichkeiten du hast, um dich in deiner Welt mit anderen zu messen: bei deinen Freunden, in der Schule, beim Sport, in deiner Familie.

Lies deine Liste noch einmal durch, und denke darüber nach, dass Gott dich allein aus Gnade angenommen hat, unabhängig davon, wie du aussiehst, wer du bist oder was du getan hast. Inwiefern verändert dieses Wissen um Gottes Gnade und Annahme die Art und Weise, wie du dich selbst siehst? Inwiefern verändert sich dadurch der Druck, dich in diesen Beziehungen zu messen? Schreibe deine Gedanken in den folgenden Freiraum.

In Psalm 103, Vers 12 steht: „So fern der Osten vom Westen liegt, so weit entfernt er die Schuld von uns." Notiere in einer Computer-Datei alle Dinge, bei denen du jemals Gottes Maßstäbe in deinem Leben verfehlt hast. Sei dabei so konkret wie möglich. Wenn du alles aufgeschrieben hast, was dir eingefallen ist, lies es noch einmal sorgfältig durch, bitte Gott um Vergebung und danke ihm für seine Gnade. Dann lösche die Datei. Das hat Gott auch mit deinen Sünden gemacht. Danke Gott im Gebet für seine liebevolle Gnade. (Wenn du keinen Computer hast, schreibe deine Liste auf ein Blatt Papier. Wenn du fertig bist, zerreiße das Blatt und wirf es in den Papierkorb.)

Das Geschenk sehen

In Gnade zu leben erfordert eine neue Art des Sehens. Gott arbeitet Tag für Tag daran, uns seine Gnade sehen zu lassen – wenn wir nur einen Blick dafür hätten. Jesus war ein echter Experte in dieser Art des Sehens. Wenn er Spatzen sah, sah er, wie Gott sie mit Essen versorgte und sich um sie kümmerte. Wenn er schöne Lilien sah, sah er, wie Gott sie kleidete. Wir müssen uns darin schulen, Gottes Gnade wahrzunehmen, seine Hand in einem schönen Tag zu sehen, in einem sicheren Zuhause oder in einem guten Gespräch mit einem Freund. Mit anderen Worten: Wir müssen uns darin schulen, wahrzunehmen, wie Gott durch unterschiedliche Dinge für uns sorgt, die wir für selbstverständlich halten. Diese Geschenke wahrzunehmen kann richtig Spaß machen, wenn wir sehen, wie Gott sich um uns kümmert und uns seine Liebe zeigt. Das gibt uns auch die Gelegenheit, danke zu sagen und stärker auf Gottes Fürsorge zu vertrauen, was einen großen Teil der Freiheit ausmacht, die wir als Nachfolger Jesu genießen.

Persönlich gesehen

Unterstreiche oder markiere diese Verse aus Jesu ermutigender und tröstlicher Bergpredigt aus dem Matthäus-Evangelium in deiner Bibel:

Persönlich gefragt

1. Was sagt Jesus darüber, wie aktiv Gott, der Vater, sich um Pflanzen und Tiere kümmert?

>> Matthäus 6,25–33

„Darum sage ich euch: Macht euch keine Sorgen um euer Leben, ob ihr etwas zu essen oder zu trinken habt, und um euren Leib, ob ihr etwas anzuziehen habt! Das Leben ist mehr als Essen und Trinken, und der Leib ist mehr als die Kleidung! Seht euch die Vögel an! Sie säen nicht, sie ernten nicht, sie sammeln keine Vorräte – aber euer Vater im Himmel sorgt für sie. Und ihr seid ihm doch viel mehr wert als Vögel! Wer von euch kann durch Sorgen sein Leben auch nur um einen Tag verlängern? Und warum macht ihr euch Sorgen um das, was ihr anziehen sollt? Seht, wie die Blumen auf den Feldern wachsen! Sie arbeiten nicht und machen sich keine Kleider, doch ich sage euch: Nicht einmal Salomo bei all seinem Reichtum war so prächtig gekleidet wie irgendeine von ihnen. Wenn Gott sogar die Feldblumen so ausstattet, die heute blühen und morgen verbrannt werden, wird er sich dann nicht erst recht um euch kümmern? Habt ihr so wenig Vertrauen? Also macht euch keine Sorgen! Fragt nicht: ‚Was sollen wir essen?' ‚Was sollen wir trinken?' ‚Was sollen wir anziehen?' Mit all dem plagen sich Menschen, die Gott nicht kennen.

Euer Vater im Himmel weiß, dass ihr all das braucht. Sorgt euch zuerst darum, dass ihr euch seiner Herrschaft unterstellt und tut, was er verlangt, dann wird er euch schon mit all dem anderen versorgen."

2. Wie möchte Gott im Vergleich zu den Pflanzen und Tieren für uns sorgen?

3. Warum fällt es uns so leicht zu vergessen oder zu übersehen, dass Gott für uns sorgt? Was hält uns davon ab, alles wahrzunehmen, was er für uns tut?

4. Warum müssen wir uns keine Sorgen um das machen, was wir jeden Tag brauchen, wenn wir verstehen, wie aktiv Gott sich um unsere Bedürfnisse kümmert?

Persönlich nachgedacht

Denke einen Augenblick darüber nach, wie du Gottes Fürsorge in der Natur erkennen kannst (Nahrung für die Tiere, Regen und Sonne für die Pflanzen etc.). Gehe dann in Gedanken noch einmal die letzten 24 Stunden deines Lebens durch. Achte dabei darauf, wie Gott auch in den alltäglichsten Dingen für dich gesorgt hat (beispielsweise Wasser zum Trinken, ein Bett zum Schlafen, Kleidung und Schuhe). Schreibe in den folgenden Freiraum eine Liste von mindestens zehn Dingen, für die du heute besonders dankbar bist. Danke Gott dafür, dass er dir jeden Tag seine Gnade schenkt.

Persönlich erlebt

Schreibe „24/7" (24 Stunden am Tag, sieben Tage in der Woche – mit anderen Worten: immer) auf deinen Handrücken und lass diese Zahlen den ganzen Tag dort. Erinnere dich dadurch daran, auf die kleinen alltäglichen Dinge zu achten, die wir für selbstverständlich nehmen, mit denen Gott uns aber 24/7 versorgt. Danke ihm den ganzen Tag über immer wieder für seine erstaunliche Fürsorge für dich.

IMPULS 4

Im Alltag mit dem Geschenk leben

Du kannst durch Jesus ein neues Leben bekommen und dadurch von der Angst befreit werden, dass du anderen nicht gerecht werden kannst. Du musst dir Gottes Liebe nicht verdienen, und er ist bereit, dir alles zu geben, was du brauchst, und zwar 24/7. Aber wie kannst du dir von Gottes Gnade helfen lassen, wenn du versucht bist, Dinge zu tun, die dir schaden und deiner Beziehung zu Gott im Weg stehen könnten?

Persönlich gesehen

Unterstreiche oder markiere diese Verse aus dem Brief an die Hebräer und aus Paulus' 1. Brief an die Gemeinde in der Stadt Korinth:

Persönlich gefragt

1. Vor dem Hintergrund dieser Bibelstellen: Wie sieht Gott die Probleme, mit denen wir uns auseinander setzen müssen?

> **>> Hebräer 4,14–16**
> „Lasst uns also festhalten an der Hoffnung, zu der wir uns bekennen. Wir haben doch einen unvergleichlichen Obersten Priester, der alle Himmel durchschritten hat und sich schon bei Gott, im himmlischen Heiligtum, befindet: Jesus, den Sohn Gottes. *Trotzdem ist er nicht jemand, der kein Mitgefühl für unsere Schwächen haben könnte. Er wurde ja genau wie wir auf die Probe gestellt* – aber er blieb ohne Sünde. Darum wollen wir mit Zuversicht vor den Thron unseres gnädigen Gottes treten. Dort werden wir, wenn wir Hilfe brauchen, stets Liebe und Erbarmen finden."

> **>> 1. Korinther 10,13**
> „Die Proben, auf die euer Glaube bisher gestellt worden ist, sind über das gewöhnliche Maß noch nicht hinausgegangen. *Aber Gott ist treu und wird nicht zulassen, dass die Prüfung über eure Kraft geht.* Wenn er euch auf die Probe stellt, sorgt er auch dafür, dass ihr sie bestehen könnt."

2. Was macht Gott, wenn wir auf die Probe gestellt werden?

3. Inwiefern kann Gnade („eine besondere Gunst" oder „ein unverdientes Geschenk") etwas sein, das uns helfen kann, wenn wir versucht sind, Dinge zu tun, die Gottes Geboten widersprechen?

Persönlich nachgedacht

Denke darüber nach, wie Gott dich sieht – deine Fehler und die Dinge, die dich auf die Probe stellen. Inwiefern verändert das Wissen, dass Gott dir die Gnade schenkt, deine Probleme zu bewältigen, oder dir deine Sünden vergeben wird, deine Einstellung zu dir selbst und zu dem, was du erreichen kannst? Danke Gott wieder für sein erstaunliches Geschenk der Gnade.

Persönlich erlebt

Suche dir einen reifen Christen, dem du vertraust (beispielsweise dein Jugendpastor, ein reifer christlicher Leiter oder ein guter christlicher Freund, der weiß, wie man Dinge vertraulich behandelt). Sprich mit ihm heute oder morgen über die Dinge, mit denen du zu kämpfen hast, und bitte ihn, für dich zu beten und dir zu helfen. Gottes Gnade wird oft durch andere Menschen erfahrbar.

I 5

Ein Geschenk mit Ewigkeitswert

Hast du es verstanden? Hast du verstanden, wie Gnade funktioniert? Dass Gnade ein kostenloses Geschenk ist, das Gott dir jeden Tag gibt, um dir seine Liebe zu zeigen, die er dir niemals entziehen wird? Hast du diese Gnade voll und ganz angenommen, indem du Gott gesagt hast, wie sehr du ihn als Richtschnur für dein Leben brauchst, und indem du ihn um Vergebung gebeten hast? Gott möchte, dass wir in seiner Gnade für immer zur Ruhe kommen. Er möchte, dass wir nicht mehr länger das Gefühl haben, uns ständig abmühen zu müssen, um ihn oder andere zu beeindrucken. Er möchte uns von den Masken befreien, die wir meinen, tragen zu müssen. Nichts kann dich von der Gnade Gottes trennen. Jesus will immer für dich da sein. Was hält dich davon ab, wenn du dieses Geschenk noch nicht angenommen hast?

Persönlich gesehen

Unterstreiche oder markiere in deiner Bibel diese Verse von Israels König David, vom Propheten Jeremia und vom Apostel Paulus:

Persönlich gefragt

1. Lies diese Verse, die vor Hunderten von Jahren geschrieben wurden. Was empfindet Gott für uns?

>> **Psalm 23,6**
„Deine Güte und Liebe umgeben mich an jedem neuen Tag; *in deinem Haus darf ich nun bleiben mein Leben lang.*"

>> **Jeremia 31,3**
„Von weit her ist der Herr seinem Volk erschienen; er sagt: Ich habe nie aufgehört, dich zu lieben. *Ich bin dir treu wie am ersten Tag.*"

>> **Römer 8,38–39**
„Ich bin ganz sicher, dass nichts uns von seiner Liebe trennen kann: weder Tod noch Leben, weder Engel noch Dämonen, noch andere gottfeindliche Mächte, weder Gegenwärtiges noch Zukünftiges, weder Himmel noch Hölle. *Nichts in der ganzen Welt kann uns jemals trennen von der Liebe Gottes*, die uns verbürgt ist in Jesus Christus, unserem Herrn."

2. Warum liebt er uns deiner Ansicht nach wohl so sehr?

3. Inwiefern würden wir anders leben, wenn wir wirklich überzeugt wären, dass Gottes Liebe und Gnade uns immer sicher sind?

Persönlich nachgedacht

Lies Römer 8, Verse 38 bis 39 laut. Schreibe diese Verse noch einmal neu in den folgenden Freiraum. Verwende dabei deine eigenen Worte. Frage dich, ob du von diesen Wahrheiten überzeugt bist. Dann setze deinen Namen darunter, um damit auszudrücken, dass du von Gottes erstaunlicher und nie endender Gnade überzeugt und dafür dankbar bist.

Persönlich erlebt

Schreibe „PS: Ich werde nie aufhören, dich zu lieben" auf die erste und letzte Seite deiner Bibel, um dich daran zu erinnern, dass Gottes Liebe dir immer gilt. Danke Gott in einem Gebet für seine Liebe und erstaunliche Gnade.

EINHEIT 3

EINHEIT 3
Gnade

Teil 2: Das Geschenk weitergeben

Die Woche im Rückblick

1. Beschreibe für den Rest der Gruppe, was für dich während der täglichen Impulse die wertvollste Erkenntnis war.

2. Beschreibe die für dich wertvollste praktische Aktivität.

3. Wo hast du Gottes Gnade in deinem Alltag ganz neu entdeckt?

4. Welche Fragen oder Bedenken haben die täglichen Impulse bei dir ausgelöst?

Ich hielt mich selbst für einen ganz tollen Typen, den die Leute mochten. Ich hatte gute Noten, experimentierte mit den, wie ich sie nannte, weichen Drogen und freute mich auf Partys, auf denen ich mit Freunden etwas trinken konnte. Dann lernte ich Katie kennen. Sie war irgendwie anders, als ob sie wüsste, was sie mit ihrem Leben anfangen wollte. Wir redeten viel miteinander, und ich erfuhr, dass sie Christ war. Sie erzählte mir ihre Geschichte. Sie erzählte, wie verlassen sie sich gefühlt hatte, als sich ihre Eltern scheiden ließen. Damals war sie in der achten Klasse. Zu ihrer Überraschung kümmerten sich lauter Christen um sie und wurden zu ihrer Ersatzfamilie. Dadurch zeigte ihr Gott, dass er sie nicht verlassen hatte.

Ihre Geschichte erinnerte mich daran, dass ich ein paar Monate zuvor – eher halbherzig, weil ich eigentlich nicht wirklich glaubte, dass es Gott gab – gebetet hatte, dass Gott sich mir persönlich zeigen solle, wenn es ihn gab. Ich hatte mich damals etwas verloren gefühlt und mich gefragt, wozu mein Leben wohl gut war. Katie war etwa die zehnte Christin, die ich in der Schule kennen lernte, nachdem ich zuvor keinem einzigen Christen begegnet war. Nachdem ich noch ein paar weitere Christen kennen gelernt hatte, wurde mir klar, dass Gott gerade dabei war, mein Gebet zu beantworten. In jenem Sommer wurde ich Christ.

Als die Schule im Herbst wieder anfing, traf ich einen alten Freund, der mich fragte, wie ich den Sommer verbracht hatte. Ich erklärte ihm: „Ich habe Gott entdeckt." Nach dem ersten Schock war er neugierig und wollte mehr wissen. Also erzählte ich ihm meine Geschichte. Es erschien mir völlig natürlich. Sechs Monate später wurde auch er Christ.

Mike, 18

In der letzten Einheit haben wir uns mit der erstaunlichen Geschichte von Gottes Gnade beschäftigt: Gott nimmt uns so an, wie wir sind, egal, was wir in der Vergangenheit gesagt oder getan haben. Gottes Geschichte – darüber, wie Jesus uns zu erreichen versucht – ist so erstaunlich, dass wir sie einfach nicht für uns behalten können. Sie ist ein Geschenk, das wir weitergeben sollen. Aber keine Sorge: Ihr müsst euch nicht für einen Kurs anmelden, in dem ihr zu Profi-Evangelisten ausgebildet werdet. Ihr müsst nur lernen, eure eigene Geschichte zu erzählen. Wie das geht, erfahrt ihr in dieser Einheit.

1. Was fällt euch spontan ein – sowohl positiv als auch negativ –, wenn ihr das Wort „Evangelist" hört? Erstellt hier eure persönliche Liste, und bittet zusätzlich jemanden, alle Begriffe aus der Gruppe auf einer Tafel oder am Flipchart mitzuschreiben, so dass ihr sie alle lesen könnt. Schreibt die negativen Begriffe in eine Spalte und die positiven in eine andere.

Negativ   **Positiv**

2. Schaut euch die negativen Begriffe an. Inwiefern beeinflussen sie euren Wunsch zu evangelisieren (was so viel bedeutet wie anderen Menschen von Jesus zu erzählen)?

3. Schaut euch nun die positiven Begriffe an: Inwiefern beeinflussen sie euren Wunsch zu evangelisieren?

4. Gott hat eine aus einem Wort bestehende Aufgabenbeschreibung für einen Evangelisten: du. Du musst niemand sein, der du nicht sein willst; du musst nicht versuchen, jemand zu werden, der du nie sein wirst. Gott möchte, dass du einfach nur du selbst bist. Inwiefern schenkt dir dieses Wissen, dass du du selbst bleiben darfst, die Freiheit, mit anderen Leuten über Gott zu reden?

Gemeinsam gelesen

Lest gemeinsam 2. Timotheus 1,
Verse 5 bis 8.

>> **2. Timotheus 1,5–8**
„Ich habe deinen aufrichtigen
Glauben vor Augen, denselben Glauben,
der schon in deiner Großmutter Loïs und
deiner Mutter Eunike lebte und der nun –
da bin ich ganz sicher – auch in dir lebt.
Darum ermahne ich dich: Lass die Gabe wieder
aufleben, die Gottes Geist in dich gelegt hat und die
dir geschenkt wurde, als ich dir die Hände auflegte!
Denn Gott hat uns nicht einen Geist der Feigheit
gegeben, sondern den Geist der Kraft und der
Liebe und der Besonnenheit.
Bekenne dich also offen und ohne
Scheu zur Botschaft von
unserem Herrn!"

Gemeinsam besprochen

1. Warum hatte Paulus eurer Meinung nach das Gefühl, Timotheus bestärken zu müssen?

2. Warum sollten Paulus' Worte Timotheus ermutigen, anderen von seiner Beziehung zu Jesus zu erzählen?

3. Wie geht es euch, wenn ihr euch vorstellt, jemand anderem davon zu erzählen, was Jesus in eurem Leben getan hat? Fühlt ihr euch durch Paulus' Worte angesprochen? Wenn ja: Wie?

Sucht euch einen Gesprächspartner. Erzählt euch in diesen Zweiergruppen gegenseitig in je etwa drei Minuten die Geschichte, wie ihr Jesus kennen gelernt habt. Wenn ihr euch eurer Beziehung zu Jesus nicht sicher seid, dann beschreibt einfach, wo ihr euch gerade auf eurer geistlichen Reise befindet.

Wenn ihr euch gegenseitig eure Geschichten erzählt habt, nennt jeweils den Namen eines Freundes, von dem ihr wisst, dass er noch auf der Suche nach Gott ist. Erzählt kurz, woher ihr diesen Freund kennt. Dann betet gemeinsam, dass Gott euch die richtige Gelegenheit schenkt, mit diesem Freund über Gott zu reden.

Zündet eine Kerze an, und denkt an den Freund, von dem ihr euch wünscht, dass er Jesus als den kennen lernt, der ihm vergibt und ihn durchs Leben führt. Sagt reihum in der Gruppe den Namen eurer Freunde und lasst die angezündete Kerze die Hoffnung repräsentieren, dass eure Freunde eines Tages das Licht sehen werden. Schließt das Treffen mit einem gemeinsamen Gebet ab. Dankt Gott schon jetzt für alles, was er im Leben eurer Freunde tun wird.

3

EINHEIT

EINHEIT 3

Gnade

Teil 2: Das Geschenk weitergeben

Im letzten Kapitel haben wir uns mit der erstaunlichen Geschichte von Gottes Gnade beschäftigt und gesehen, wie er uns Tag für Tag versorgt und uns durch Jesus erlöst, ohne dass wir eine Gegenleistung erbringen müssen. Gott wünscht sich, dass alle Menschen seine Liebe kennen lernen. Und das Spannende daran ist, dass Gott uns gebrauchen möchte, um seine Liebe an andere weiterzugeben. In diesem Kapitel wirst du lernen, wie du Gottes Gnade mit anderen teilen kannst.

Echt sein

Wir haben uns damit beschäftigt, dass Gott uns völlig ohne Gegenleistung anbietet, ein Nachfolger Jesu zu werden – allein aus Gnade. Wir müssen es uns nicht verdienen; wir müssen es nur annehmen. Aber die Gnade hört nicht auf, wenn wir anfangen, unser Leben an Jesus auszurichten. Die gute Nachricht lautet, dass wir auch aus Gnade leben und anderen dienen können. Gott sucht nicht nach perfekten Menschen, um in dieser Welt etwas bewirken zu können. Er möchte ganz normale, echte Menschen – so wie dich.

Persönlich gesehen

Unterstreiche oder markiere in deiner Bibel diese Verse aus den Briefen des Apostels Paulus an die Gemeinden in Rom und Ephesus sowie aus dem 1. Brief des Apostels Johannes:

>> **Römer 10,12–14**
„Das gilt ohne Unterschied für Juden und Nichtjuden. Sie alle haben ein und denselben Herrn: Jesus Christus. Aus seinem Reichtum schenkt er allen, die sich zu ihm als ihrem Herrn bekennen, ewiges Leben. Es heißt ja auch: ‚Alle, die sich zum Herrn bekennen und seinen Namen anrufen, werden gerettet.‘ Sie können sich aber nur zu ihm bekennen, wenn sie vorher zum Glauben gekommen sind. Und sie können nur zum Glauben kommen, wenn sie die Botschaft gehört haben. *Die Botschaft aber können sie nur hören, wenn sie ihnen verkündet worden ist.*“

>> **1. Johannes 1,3**
„Was wir so gesehen und gehört haben, das verkünden wir euch, damit ihr in Gemeinschaft mit uns verbunden seid.“

>> **Epheser 3,7–8**
„In seiner Gnade hat Gott mir meinen Auftrag gegeben und damit an mir seine Macht gezeigt. Gerade mir, dem Geringsten von allen, die er in sein heiliges Volk berief, hat er diesen Auftrag anvertraut, den anderen Völkern die Gute Nachricht von dem unergründlichen Reichtum zu bringen, der uns durch Christus geschenkt wird.“

Persönlich gefragt

1. In diesen Versen aus dem Römer-Brief fragt sich Paulus, wie sich die Botschaft von dem, was Jesus für uns getan hat, am besten verbreiten ließe. Welche Rolle könntest du als Antwort auf Paulus' Frage spielen?

2. Wir denken oft, dass es Aufgabe der Experten (Pastoren, Gemeindemitarbeiter, Jugend-mitarbeiter, Vollzeit-Evangelisten – der Menschen, die sich jahrelang mit der Bibel und mit Theologie beschäftigt haben) sei, mit anderen Menschen über Jesus zu sprechen. Aber was möchte Johannes denen vermitteln, an die er seinen Brief richtet?

3. Gott wirkt Tag für Tag in deinem Leben. Was hast du bereits in deinem Leben mit Gott „gesehen und gehört", das du anderen erzählen möchtest? Denke daran: Deine persönli-che Geschichte ist das beste Zeugnis für das, was Gott tun kann.

4. Lies noch einmal, was Paulus an die Gemeinde in Ephesus geschrieben hat. Durch wessen Gunst und Macht hat er Erfolg? Was hat Paulus getan, um dieses Privileg zu bekommen?

Persönlich nachgedacht

Schreibe hier auf, welche Bedenken du bei der Vorstellung hast, mit anderen Menschen über Jesus zu sprechen. Bitte Gott, dir dabei zu helfen, deine Ängste zu überwinden. Denke daran, dass du nicht jemand werden musst, der du nicht bist; du musst einfach nur du selbst sein. Gott möchte durch dich seine Liebe an einen deiner Freunde weitergeben, der auf der Suche nach ihm ist. Sage Gott, dass du bereit bist, deine Ängste zu überwinden und seine Liebe an deine Freunde weiterzugeben.

Persönlich erlebt

Erstelle eine Liste der Leute, auf die du einen positiven Einfluss hast. Schreibe auf diese Liste die Namen von drei Freunden, die Gott noch nicht kennen. Diese Liste soll dich daran erin-nern, für sie zu beten und Gott zu bitten, dich dabei zu gebrauchen, ihnen auf ihrer geist-lichen Reise weiterzuhelfen. Klebe diese Liste an den Spiegel im Badezimmer, damit sie dich daran erinnert, jeden Morgen für diese Freunde zu beten.

Du hast eine Geschichte

Im Johannes-Evangelium wird eine wunderschöne Geschichte über einen Menschen erzählt – eine Geschichte über „Gnade in Aktion". Jesus sieht einen blinden Mann in Jerusalem, kniet sich neben ihm hin, macht aus Spucke und etwas Dreck einen Brei und schmiert den Brei auf die Augen dieses Mannes. Dann sagt er dem Mann einfach: „Geh hin und wasch dich im Teich." Der Mann macht es und kommt sehend zurück. Die Leute können es nicht fassen. Manche sagen, es sei nicht derselbe Mann, nur jemand, der ihm ähnlich sehe. Aber der Mann versichert, er sei der blinde Mann. Die Pharisäer regen sich darüber auf, dass Jesus das Wunder am Sabbat vollbracht hat, an dem eigentlich niemand arbeiten darf. Sie verhören den Mann und laden sogar seine Eltern zum Verhör vor. Aber der Mann bleibt bei dem, was er weiß: „Ich war blind, und nun kann ich sehen!"

Zwar hat nicht jeder von uns eine so dramatische Geschichte wie diese zu erzählen, aber jeder von uns hat eine wunderschöne Geschichte darüber, wie er Jesus kennen gelernt hat. Gott ist im Leben jedes Christen aktiv. Menschen, die auf der Suche nach Gott sind, müssen hören, wie Gott sich in unserem Leben zeigt.

Persönlich gesehen

Unterstreiche oder markiere in deiner Bibel diese Verse aus dem Johannes-Evangelium:

>> **Johannes**
9,10–12.24–25
„‚Wieso kannst du auf einmal sehen?',
fragten sie ihn. Er antwortete: ‚Der Mann,
der Jesus heißt, machte einen Brei, strich ihn auf
meine Augen und sagte: »Geh zum Teich Schiloach
und wasche dein Gesicht.« Ich ging hin, und als ich
mich gewaschen hatte, konnte ich sehen.'
‚Wo ist er?', fragten sie ihn.
Er antwortete: ‚Ich weiß es nicht.'
Die Pharisäer ließen den Blindgeborenen ein
zweites Mal rufen und forderten ihn auf:
‚Gib Gott die Ehre! Wir wissen,
dass dieser Mensch ein Sünder
ist!'"

„‚Ob
er ein Sünder ist
oder nicht, das weiß
ich nicht', entgegnete der
Mann, ‚aber eins weiß
ich: Ich war blind, und
jetzt kann ich
sehen.'"

1. Warum regten sich die religiösen Führer so über die Geschichte des Mannes auf? Warum hatte das Zeugnis des Mannes so viel Kraft und war so schwer zu widerlegen?

2. Wodurch war der blinde Mann qualifiziert, für Jesus ein Zeugnis abzulegen?

3. Nur wenige Menschen haben so dramatische Geschichten wie der blinde Mann (Johannes 9). Aber Gott ist im Leben jedes einzelnen Christen aktiv. Welche Geschichten könntest du davon erzählen, wie Gott in deinem Leben oder im Leben anderer Christen gehandelt hat?

4. Denke daran, dass jeder Christ eine tolle Geschichte zu erzählen hat, wie er Gott als denjenigen kennen gelernt hat, der ihm vergibt und ihn leitet. Glaubst du, dass das auch für deine persönliche Geschichte gilt? Warum oder warum nicht?

Danke Gott für deine persönliche Geschichte und für die Menschen, die dir von seiner Liebe erzählt haben. Denke daran, dass deine Geschichte die Zeit widerspiegelt, in der Gott dich zu sich gerufen hat. Denke einen Augenblick darüber nach: Der König der Könige und Herr der Herren kennt dich persönlich! Es ist erstaunlich, dass Gott dich nicht nur kennt, sondern dich auch dazu auserwählt hat, ein Botschafter seiner Liebe zu sein. Nimm dir nun etwas Zeit, um dich an deine persönliche Geschichte zu erinnern, wie du Christ wurdest. Denke an die Menschen, die Gott gebraucht hat, um dir von seiner Liebe zu erzählen. Schreibe hier die Namen all dieser Menschen auf. Danke Gott im Gebet dafür, wie er diese Menschen in deinem Leben gebraucht hat. Bitte ihn, dich im Leben einer deiner Freunde zu gebrauchen, um ihm von Gottes Liebe zu erzählen.

Persönlich erlebt

Schicke eine E-Mail oder eine Postkarte an die Menschen (oder die Person), die Gott gebraucht hat, um dir zu helfen, Christ zu werden. Danke ihnen für alles, was sie getan haben. Dies ist eine tolle Möglichkeit, sie zu ermutigen und daran zu erinnern, dass sie mit ihrem Leben tatsächlich etwas bewirken und dass Gott Freude an ihnen hat.

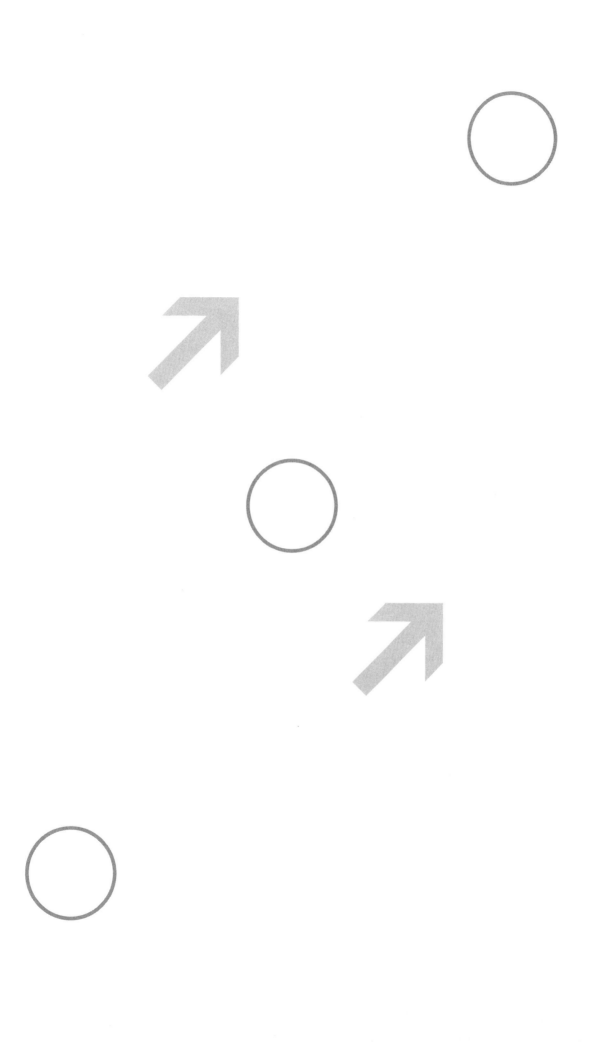

Deine Geschichte erzählen

Was würdest du dir lieber anhören bzw. sehen: eine Vorlesung von einem Wirtschaftswissenschaftler, der unzählige Folien mit Statistiken über die Armut in Afrika verwendet, oder einen Film, der die wahre Geschichte von zwei südafrikanischen Teenagern erzählt, die versuchen, den Slums von Johannesburg zu entkommen? Geschichten sind großartige Kommunikationsmittel. Deshalb setzte Jesus sie so oft ein – und deshalb sollten auch wir sie verwenden. Die Menschen, die du kennst und die Teil deines Lebens sind, wollen deine Geschichte hören, weil du jemand bist, zu dem sie eine Beziehung haben. In diesem Impuls wirst du lernen, wie du deine Geschichte mit Hilfe einer ganz einfachen Gliederung erzählen kannst: VC, MC und NC. VC steht für „vor Christus". Hier beantwortest du die Frage: „Wie sah dein Leben aus, bevor du Christus kennen gelernt hast?" MC steht für „mit Christus". Hier steht die Frage im Mittelpunkt, wie du Christus kennen gelernt hast. NC steht für „nach Christus". Hier geht es um die Frage, wie sich dein Leben nach deiner Begegnung mit Jesus verändert hat. Du musst nur ganz klar reden und immer bereit sein – wie Paulus in Apostelgeschichte 26.

Persönlich gesehen

In Apostelgeschichte 26 wird berichtet, wie Paulus König Agrippa seine Geschichte erzählt. Hier findet ihr die Highlights dieser Story.

In den Versen 4 bis 11 erzählt Paulus von seinem Leben vor seiner Begegnung mit Christus (VC):

VC
„[. . .] Anfangs allerdings hatte auch ich gemeint, ich müsste dem Bekenntnis zu Jesus von Nazaret mit allen Mitteln entgegentreten. [. . .] In allen Synagogen habe ich immer wieder versucht, sie durch Auspeitschen dahin zu bringen, dass sie ihrem Glauben abschwören. Mein Hass war so groß, dass ich sie sogar noch über die Grenzen des Landes hinaus verfolgen wollte."

In den Versen 12 bis 18 erzählt er, wie ihm Jesus begegnet ist (MC):

MC

„Auf dem Weg dorthin, mein König, umstrahlte mich und meine Begleiter mitten am Tag ein Licht vom Himmel, heller als die Sonne. Wir stürzten alle zu Boden, und ich hörte eine Stimme auf Hebräisch rufen: ‚Saul, Saul, warum verfolgst du mich? Es ist sinnlos, dass du gegen mich ankämpfst!‘ ‚Wer bist du, Herr?‘, fragte ich, und der Herr sagte: ‚Ich bin Jesus, den du verfolgst.‘“

NC

„Ich habe mich, König Agrippa, dem nicht widersetzt, was diese Erscheinung vom Himmel mir befohlen hatte. Zuerst in Damaskus und Jerusalem und später in ganz Judäa und bei den nichtjüdischen Völkern rief ich die Menschen dazu auf, umzukehren, sich Gott zuzuwenden und durch ihre Lebensführung zu zeigen, dass es ihnen mit der Umkehr ernst ist.“

In den Versen 19 bis 23 schließt er sein Zeugnis mit einem Bericht davon ab, was nach dieser Begegnung passierte (NC):

Persönlich gefragt

1. Wärst du in der Lage, einem Freund, der auf der Suche nach Gott ist, deine Geschichte in einfachen Worten verständlich zu erzählen?

2. Was würde es für dich so schwer machen, jemandem zu erzählen, wie du Christ geworden bist?

3. Warum ist es wichtig, darauf vorbereitet zu sein, anderen Menschen von dem zu erzählen, was Gott in deinem Leben getan hat?

Übe es, die Geschichte aufzuschreiben, wie du Jesus kennen gelernt hast. Orientiere dich dabei an den drei oben vorgestellten Abschnitten: VC, MC und NC. Verwende ein extra Blatt Papier, wenn nötig.

1. *VC (Vor Christus):* Wie warst du, bevor du Jesus kennen gelernt hast? Was hat dich dazu veranlasst, darüber nachzudenken, ob Jesus in deinem Leben etwas verändern könnte?

   Beispiel: „Als ich in der Unterstufe war, ließen sich meine Eltern scheiden. Ich fühlte mich verlassen und war wütend. Das Letzte, was ich wollte, war darauf zu vertrauen, dass irgendein Gott mein Leben in die Hand nimmt."

   Anmerkung: Wenn du schon sehr früh Christ geworden bist, ist deine VC-Geschichte vielleicht nicht sehr lang. Das macht nichts. Dann kannst du gleich mit der nächsten Frage weitermachen.

2. *MC (Mit Christus):* Was hat dich letztlich dazu veranlasst, dein Leben Jesus anzuvertrauen? Wie ist das passiert?

   Beispiel: „Ich erkannte allmählich, dass ich nicht völlig die Kontrolle über mein Leben hatte und dass die Wut in mir nicht bei der Lösung meiner Probleme half. Während dieser Zeit hielt meine beste Freundin wirklich zu mir, und ich sah, wie nett und irgendwie anders sie war. Ich wusste, dass es daran lag, dass sie Christ war. Ich fragte mich, ob Jesus mein Leben wohl auch so sehr verändern könnte.

   Als ich meine beste Freundin nach Gott fragte, erklärte sie mir, dass ich Gott wichtig sei und dass er mir helfen wollte. Da wurde mir klar, dass ich Gott brauchte und dass nur er die Wut in mir besiegen konnte.

   Meine Freundin bot mir an, mit mir zu beten. Ich bat Jesus, mir zu vergeben und mein Leben in die Hand zu nehmen. Ich bat ihn, mir meine Wut und meine anderen Sünden zu vergeben und mir dann zu helfen, meinen Eltern zu vergeben."

3. *NC (Nach Christus):* Wie veränderte sich dein Leben, nachdem du Christ geworden warst? Welche anderen Vorteile hast du durch dein Christsein erlebt?

Beispiel: „Es tat mir gut zu sehen, dass Gott mir wirklich vergeben hatte, dass er mich nie im Stich lassen würde und dass ich ihm vertrauen konnte. Diese zerstörerische Wut hat jetzt keinen Platz mehr in meinem Leben.

Zu wissen, dass mir von Gott vergeben ist und dass Gott mich liebt, hat mir dabei geholfen zu lernen, auch meinen Eltern zu vergeben. Heute ist meine Beziehung zu ihnen viel besser. Immer, wenn das Leben schwierig wird, kann ich die Bibel lesen und Gottes Hilfe und Richtungsweisung bekommen. Ich habe eine kleine Gruppe von Freunden, die auch Christen sind. Sie ermutigen mich und unterstützen mich, und ich weiß, dass ich die Ewigkeit bei Gott im Himmel verbringen werde."

Anmerkung: Wenn du schon sehr früh Christ geworden bist, dann vergleiche dein Leben damit, wie es aussehen würde, wenn du kein Christ geworden wärst. Beispiel: „Ich wuchs in einem christlichen Elternhaus auf und nahm Christus in mein Leben auf, als ich noch sehr jung war. Ich kann zwar keine Geschichte darüber erzählen, wie verrückt mein Leben ohne Gott ausgesehen hat, aber ich weiß, dass Gott mein Leben wirklich verändert hat. Wenn ich Probleme und schwere Zeiten hatte, war ich immer in der Lage, mich auf Gott zu verlassen, und habe mich in solchen Zeiten nie alleine gefühlt. Mein Glaube hat mir eine Menge Orientierung und Erkenntnis gegeben, die ich sonst nicht gehabt hätte."

Persönlich erlebt

Übe in dieser Woche, deine Geschichte nach der VC-, MC-, NC-Methode einem Freund, einem Familienmitglied oder deinem Kleingruppenleiter zu erzählen. Wenn du deine Geschichte erzählt hast, frage nach, ob sie verständlich war. Konnte auch ein Nichtchrist die Sprache verstehen? Denke daran, die Geschichte kurz zu halten – etwa drei bis vier Minuten –, damit du sie einem Freund auch in der Schule zwischen zwei Unterrichtsstunden erzählen kannst. Gott möchte dich im Leben deines Freundes gebrauchen. Wenn der richtige Augenblick kommt, wirst du nun vorbereitet sein. Nimm dir Zeit, für die Menschen auf deiner Kontaktliste zu beten (siehe Seite 63), und bitte Gott, dir die Gelegenheit zu geben, deine Geschichte zu erzählen.

Mehr Mitgefühl entwickeln

Wir haben gelernt, dass echte Spiritualität darin besteht, Jesus ähnlich zu werden, und dass es Jesus in erster Linie darum ging, Gott und andere Menschen zu lieben. Wir geben das Geschenk der Gnade aus Liebe an andere Menschen weiter. Aber manchmal reicht es nicht aus, nur Worte und Geschichten weiterzugeben. Manchmal fordert Gott uns zum Handeln auf, um seine Liebe ganz praktisch zu zeigen.

Persönlich gesehen

Unterstreiche oder markiere in deiner Bibel diese Geschichte Jesu, wie sie im Lukas-Evangelium berichtet wird:

>> Lukas 10,30–37

„Jesus nahm die Frage auf und erzählte die folgende Geschichte: ‚Ein Mann ging von Jerusalem nach Jericho hinab. Unterwegs überfielen ihn Räuber. Sie nahmen ihm alles weg, schlugen ihn zusammen und ließen ihn halb tot liegen. Nun kam zufällig ein Priester denselben Weg. Er sah den Mann liegen und ging vorbei. Genauso machte es ein Levit, als er an die Stelle kam: Er sah ihn liegen und ging vorbei. Schließlich kam ein Reisender aus Samarien. Als er den Überfallenen sah, ergriff ihn das Mitleid. Er ging zu ihm hin, behandelte seine Wunden mit Öl und Wein und verband sie. Dann setzte er ihn auf sein eigenes Reittier und brachte ihn in das nächste Gasthaus, wo er sich weiter um ihn kümmerte.‘"

„‚Am anderen Tag zog er seinen Geldbeutel heraus, gab dem Wirt zwei Silberstücke und sagte: »Pflege ihn! Wenn du noch mehr brauchst, will ich es dir bezahlen, wenn ich zurückkomme.«‘ ‚Was meinst du?‘, fragte Jesus. ‚Wer von den dreien hat an dem Überfallenen als Mitmensch gehandelt?‘ Der Gesetzeslehrer antwortete: ‚Der ihm geholfen hat!‘ Jesus erwiderte: ‚Dann geh und mach du es ebenso!‘"

1. Was unterschied den dritten Reisenden von den beiden ersten?

2. Jesus erzählte seine Geschichte, um das Gebot „Liebe deinen Mitmenschen wie dich selbst" zu erklären. Die Geschichte war die Antwort auf die Frage: „Wer ist denn mein Mitmensch?" In Anlehnung an diese Geschichte: Wer ist dein Mitmensch und wer ist nicht dein Mitmensch?

Persönlich nachgedacht

Wenn wir Matthäus 9, Vers 36 lesen, erkennen wir, wie sehr Jesu Herz für die Menschen schlug: „Als er die vielen Menschen sah, ergriff ihn das Mitleid, denn sie waren so hilflos und erschöpft wie Schafe, die keinen Hirten haben." Wenn wir Jesus ähnlich werden, müssen wir andere Menschen mit den Augen Jesu sehen.

Schreibe hier mindestens drei Möglichkeiten auf, wie du Mitgefühl für die Leute in deinem Umfeld entwickeln kannst, die keine Christen sind. Du könntest beispielsweise für sie beten, sie ermutigen, nett zu ihnen sein, keine Vorurteile haben etc. Bitte Gott, dir in dieser Woche Gelegenheiten zu schenken, anderen Menschen dein Mitgefühl zu zeigen – und seine Liebe in Worten und Taten auszudrücken.

Persönlich erlebt

Klebe Heftpflaster auf deinen Handrücken und gehe damit zur Schule. Erinnere dich immer, wenn du das Heftpflaster anschaust, daran, wie Gott sich um deine Bedürfnisse kümmert und dass er möchte, dass du den Bedürfnissen der Leute in deiner Umgebung mit Mitgefühl begegnest. Halte Ausschau nach Gelegenheiten, anderen zu helfen. Bitte Gott, dich die Menschen so sehen zu lassen, wie er sie sieht. Denke dabei daran, dass alle Menschen Gott wichtig sind.

Ein Leben nach dem anderen

Ich wollte in der Welt wirklich etwas verändern. Das einzige Problem war, dass ich nicht genau wusste, was ich tun sollte. Als ich eines Tages mit der Leiterin meiner Kleingruppe darüber sprach, wies sie mich darauf hin, dass ich mich einfach jeweils nur auf das Leben eines Menschen auf einmal konzentrieren und mich dort um Veränderung bemühen sollte.
Jessica, 15

Persönlich gesehen

Unterstreiche oder markiere diese Verse aus dem Lukas-Evangelium:

Persönlich gefragt

1. In dieser Geschichte erklärt Jesus den religiösen Leitern, warum er Zeit mit den Sündern verbringt, die von allen „anständigen" Menschen gemieden wurden. Was wollte er ihnen dadurch verständlich machen?

>> **Lukas 15,8–10**
[Jesus erzählt:] „‚Oder stellt euch vor, eine Frau hat zehn Silberstücke und verliert eins davon. Zündet sie da nicht eine Lampe an, fegt das ganze Haus und sucht in allen Ecken, bis sie das Geldstück gefunden hat? Und wenn sie es gefunden hat, ruft sie ihre Freundinnen und Nachbarinnen zusammen und sagt zu ihnen: »Freut euch mit mir, ich habe mein verlorenes Silberstück wieder gefunden!« Ich sage euch: *Genauso freuen sich die Engel Gottes über einen einzigen Sünder, der ein neues Leben anfängt.*'"

2. Wie sieht Gott die Menschen, die ihn nicht kennen? Wie will er sie erreichen?

3. Jesus kommt es in diesem Text auf drei Punkte an: 1. Etwas Wertvolles ging verloren, 2. es wurde ausgiebigst danach gesucht und 3. am Ende gab es ein großes Fest. Inwiefern kann dies ein Modell für uns sein, wenn wir mit anderen über unseren Glauben reden? Inwiefern können wir daraus lernen, mit welchen Augen Gott Menschen sieht, die ihn noch nicht kennen?

Persönlich nachgedacht

Wie möchte dich Gott gebrauchen, um das Leben eines Menschen nach dem anderen zu verändern? Nimm dir einen Augenblick Zeit und wirf noch einmal einen Blick auf deine Kontaktliste (siehe Seite 63). Wähle dir einen Freund aus, in dessen Leben du Gottes Liebe am Werk sehen möchtest. Nimm dir fest vor, ein Jahr lang für diesen Freund zu beten. Sei darauf vorbereitet, deine Geschichte und Gottes Geschichte zu erzählen. Baue eine echte Freundschaft auf; das ist mehr, als ihn nur als „Bekehrungsobjekt" zu sehen. Es geht darum, ihm wirklich ein Freund zu sein, der ihm zuhört und sich auf ihn einlässt. Denke auch daran, dass es ein Prozess ist, Jesus kennen zu lernen – und zwar eher ein Marathon als ein Sprint. Sei also geduldig.

Schreibe hier den Namen deines Freundes auf. Formuliere dann ein Gebet, in dem du Gott bittest, dich dabei zu gebrauchen, deinem Freund zu helfen, Jesus als denjenigen kennen zu lernen, der ihm vergibt und sein Leben leiten möchte. Bitte Gott, dein Gebet innerhalb eines Jahres zu beantworten, und danke ihm schon jetzt für alles, was er tun wird.

Persönlich erlebt

Schreibe den Namen deines Freundes auf eine Karteikarte und lege sie zu Johannes 3, Vers 16 („Gott hat die Menschen so sehr geliebt, dass er seinen einzigen Sohn hergab. Nun werden alle, die sich auf den Sohn Gottes verlassen, nicht zu Grunde gehen, sondern ewig leben.") in deine Bibel. Das soll dich daran erinnern, dass Gott deinen Freund liebt und du bereit sein solltest, dich von Gott gebrauchen zu lassen, um im Leben deines Freundes etwas zu bewirken, das für die Ewigkeit Bestand hat.

E4 EINHEIT 4
Geistliches Wachstum

Teil 1: Gott lieben

Die Woche im Rückblick

1. Beschreibe für den Rest der Gruppe, was für dich während der täglichen Impulse die wertvollste Erkenntnis war.

2. Beschreibe die für dich wertvollste praktische Aktivität.

3. Den Namen welches Freundes hast du in deine Bibel gelegt?

4. Welche Fragen oder Bedenken haben die täglichen Impulse bei dir ausgelöst?

Meine Brüder waren die Sportskanonen in der Familie. Sie spielten Baseball, Basketball, Fußball und verbrachten die Sommer in Sportferienlagern. Ich verbrachte meine Zeit mit meinen Freunden aus der Schule und der Kirchengemeinde. In der neunten Klasse beschlossen einige von ihnen, es mit Geländelauf zu probieren. Da ich meine Zeit weiterhin mit ihnen verbringen wollte, meldete ich mich auch an. Mein Vater konnte es kaum glauben. Die ersten Male war das Training schrecklich. Ich war verschwitzt, wurde knallrot im Gesicht, und alles tat mir weh. Ein Mädchen musste sich während des Trainings sogar übergeben! Ich wollte aufhören, aber mein Vater erklärte mir, es würde leichter werden, wenn ich erst besser in Form sei – und außerdem würde er mich nicht aufhören lassen. Ich wurde sauer und erklärte ihm, dass ich bereits „in Form" sei, aber er ignorierte das.

Nach ein paar Wochen stellte ich fest, dass mir nach dem Laufen nicht mehr alles wehtat. Dann wurden meine Zeiten besser. Nach ein paar weiteren Wochen kam ich mit den schnellsten Läufern ins Ziel. Am Ende der Saison gewann ich sogar einige Läufe. Ich weiß noch, wie schockiert mein Vater war, als mein Trainer ihm erklärte, ich sei eine „natürliche Laufbegabung und der Star des Teams". Ich war genauso schockiert. Schließlich hatte ich immer gedacht, dass ich im Sport eine Niete sei. Ich hätte nie etwas von meiner natürlichen Laufbegabung erfahren, wenn ich nicht jeden Tag nach der Schule trainiert hätte.

Katie, 16

In fast jedem Bereich unseres Lebens brauchen wir Training, wenn wir etwas wirklich gut machen wollen. Und das gilt auch für Freundschaften. Wir können jemandem kein wirklich guter Freund sein, wenn wir gemeinsam nicht Zeit mit Dingen verbringen, bei denen man sich kennen lernen kann. Das gilt auch, wenn wir Gott besser kennen lernen und Jesus ähnlicher werden wollen. Das passiert nicht einfach so – schwupps, und du bist verändert! Wir müssen dazu vielmehr Zeit in die Dinge investieren, die es uns ermöglichen, Gott besser kennen zu lernen. Man nennt diese Dinge „geistliche Übungen". Mit diesen geistlichen Übungen werden wir uns in dieser Woche beschäftigen.

1. Wenn ihr morgen einen Marathon laufen solltet, was würde passieren? Warum?

2. Wenn ihr sechs Monate Zeit hättet, um für diesen Marathon zu trainieren, würde sich das Ergebnis verändern? Warum?

3. Training verschafft uns die Kondition, Dinge zu tun, für die wir im Augenblick nicht fit genug wären, selbst wenn wir uns noch so sehr bemühen würden. Wenn wir nicht ausreichend Kondition haben, erzielen wir nicht die Ergebnisse, die wir gerne erreichen würden. Wir sind einfach noch nicht leistungsstark, deshalb müssen wir trainieren. Habt ihr schon einmal erlebt, wie ihr durch Training und Übung etwas geschafft habt, das euch sonst nicht gelungen wäre (ein Instrument zu spielen, ein Gedicht aufzusagen, in einem Theaterstück mitzuspielen, eine Sportart zu beherrschen)? Welche Auswirkung hatten Training und Übung?

>> 1. Korinther 9,25–27
„Alle, die an einem Wettkampf teilnehmen wollen, nehmen harte Einschränkungen auf sich. Sie tun es für einen Siegeskranz, der vergeht. Aber auf uns wartet ein Siegeskranz, der unvergänglich ist. Darum laufe ich wie einer, der das Ziel erreichen will. Darum kämpfe ich wie ein Faustkämpfer, der nicht daneben schlägt. Ich treffe mit meinen Schlägen den eigenen Körper, sodass ich ihn ganz in die Gewalt bekomme. Ich will nicht anderen predigen und selbst versagen."

Gemeinsam gelesen

Lest diesen Abschnitt aus dem Brief des Apostels Paulus an die Gemeinde in Korinth laut.

Gemeinsam besprochen

1. Welches Resultat befürchtet Paulus, wenn er sich keinem disziplinierten Training unterwirft?

2. In einem Wettkampf wird ein Sportler disqualifiziert, wenn er eine Wettkampfregel bricht. Paulus ist einer der stärksten Verfechter der Gnade. Was könnte er damit meinen, wenn er davon spricht zu „versagen"? Wie könntest du in deinem Dienst gegenüber deinen Freunden „versagen"?

3. Wie kann jemand in den Wettkampf zurückkehren, nachdem er disqualifiziert wurde oder versagt hat? Wie kann jemand in den geistlichen Wettkampf zurückkehren, nachdem er disqualifiziert wurde oder versagt hat? Denkt an das, was ihr in der letzten Einheit über Gottes Gnade gelernt habt.

Zeit für Gemeinschaft

Welche Trainingseinheiten – oder auch „geistliche Übungen" genannt – braucht ihr gerade jetzt in eurem Leben und warum? Beispielsweise Zeiten der Einsamkeit, des Gebets oder des Dienstes für andere Menschen.

Dankt Gott gemeinsam im Gebet für die Gelegenheiten, ihn besser kennen zu lernen und ihn mehr zu lieben. Bittet Gott auch darum, dass ihr die vielen spontanen Trainingsmöglichkeiten erkennt, die ihr Tag für Tag habt und in denen ihr lernen könnt, Jesus ähnlicher zu werden.

Gemeinsam erlebt

Setzt euch mit eurem Partner zusammen, der euch zur Verbindlichkeit anhalten will. Tauscht euch darüber aus, an welcher geistlichen Übung ihr in dieser Woche arbeitet und wie ihr das konkret machen wollt. Tauscht E-Mail-Adressen und Telefonnummern aus und macht eine Zeit aus, in der ihr euch per E-Mail oder am Telefon gegenseitig ermutigen wollt.

4

EINHEIT

EINHEIT 4
Geistliches Wachstum

Teil 1: Gott lieben

In dieser Einheit werden wir uns mit den geistlichen Übungen beschäftigen, da wir etwas über geistliches Wachstum lernen wollen. Christ zu sein ist gleichbedeutend mit „Jesus ähnlicher werden". Gott möchte, dass wir Fortschritte machen, wenn wir uns darum bemühen, seinem Sohn ähnlicher zu werden. Wachstum lässt sich am besten daran messen, ob wir liebevoller werden. In den täglichen Impulsen dieser Woche werden wir uns überlegen, wie wir unsere Beziehung zu Gott vertiefen können – indem wir die geistlichen Übungen praktizieren, durch die wir Gott besser und klarer kennen lernen, hören und sehen können.

Besser clever als verkrampft

Im zweiten Jahr in der Oberstufe wechselte ich an eine christliche Schule. Ich hatte das Gefühl, dass sich mein Glaube vertiefen würde, wenn ich etwas über die Bibel und die Kirchengeschichte lernen würde. Nach ein paar Wochen auf dieser Schule konnte ich es kaum fassen, wie glücklich ich mich schätzen konnte, von so vielen fest im Glauben stehenden Christen umgeben zu sein und mich in der Schule intensiv mit dem Wort Gottes zu beschäftigen! Als ich eines Tages den Klassenraum verließ, fragte mich eine Freundin, was ich am Wochenende vorhätte. Sie lud mich zu einer Party ein und sagte, dass wir bestimmt jede Menge Spaß haben würden, da ihre Eltern verreist seien. Sie sagte: „Meine große Schwester besorgt für uns sogar etwas Hochprozentiges und Steve bringt ‚Gras' mit." Ich traute meinen Ohren kaum: Sie hatte gerade im Unterricht noch laut gebetet und jetzt sagte sie so was? Es dauerte eine Weile, bis ich das alles auf die Reihe brachte, aber schließlich wurde mir klar, dass die Befolgung von christlichen Regeln alleine im Leben eines Menschen nichts verändert. Was zählt, ist die persönliche Beziehung eines Menschen zu Jesus, und zwar im Alltag. Der Besuch einer christlichen Schule macht mich noch lange nicht geistlicher; den Unterschied macht, was ich Gott mit meinem Leben im Alltag machen lasse.

Christine, 15

Persönlich gesehen

Markiere oder unterstreiche diese Verse in deiner Bibel:

>> Markus 1,35–37
„Am nächsten Morgen verließ Jesus lange vor Sonnenaufgang die Stadt und *zog sich an eine abgelegene Stelle zurück.* Dort betete er. Simon und seine Gefährten zogen ihm nach und fanden ihn. ‚Alle suchen dich', sagten sie."

>> Lukas 6,12
„Damals geschah Folgendes: Jesus ging auf einen Berg, um zu beten. *Die ganze Nacht hindurch sprach er im Gebet mit Gott.*"

>> **Römer 12,1–2**

„Brüder und Schwestern, weil Gott
so viel Erbarmen mit euch gehabt hat,
bitte und ermahne ich euch: Stellt euer ganzes
Leben Gott zur Verfügung! Bringt euch Gott als
lebendiges Opfer dar, ein Opfer völliger Hingabe,
an dem er Freude hat. Das ist für euch der
‚vernunftgemäße‘ Gottesdienst. *Passt euch nicht den
Maßstäben dieser Welt an. Lasst euch vielmehr von
Gott umwandeln, damit euer ganzes Denken erneuert wird.* Dann könnt ihr euch ein sicheres Urteil
bilden, welches Verhalten dem Willen Gottes
entspricht, und wisst in jedem einzelnen
Fall, was gut und gottgefällig und
vollkommen ist.“

1. Denke darüber nach, wie viel Zeit Jesus dafür aufwandte, sich um die Bedürfnisse anderer Menschen zu kümmern. Was musste er machen, um Zeit mit Gott verbringen zu können? Was machst du, um alleine Zeit mit Gott zu verbringen?

2. Wie schaffst du es, dich nicht „den Maßstäben dieser Welt" anzupassen? Was bedeutet es deiner Meinung nach, dich Gott als „lebendiges Opfer", als „Opfer voller Hingabe" zu geben? Wie kannst du dein Denken erneuern?

3. Welche Dinge oder geistlichen Übungen praktizierst du, die dich ermutigen oder darin schulen, Jesus ähnlicher zu werden? Welche geistlichen Übungen würdest du gerne in dein Leben integrieren, um zu trainieren, Jesus ähnlicher zu werden?

Persönlich nachgedacht

Lass deinen Tag im Rückblick noch einmal an dir vorüberziehen, so als ob du ihn im Film sehen würdest. Denke jeden Abschnitt deines Tages noch einmal durch und finde zwei oder drei Situationen, die du als Übungsgelegenheiten hättest nutzen können, um Jesus ähnlicher zu werden. Wenn etwa dein Auto nicht anspringt oder sich deine Mitfahrgelegenheit verspätet, kannst du dich fragen: „Wie kann ich in dieser Situation Geduld lernen?" Oder wenn du in der Schule bist und jemand etwas zu dir sagt, das dich verletzt, kannst du dich fragen: „Wie kann ich in dieser Situation Selbstbeherrschung und Liebe lernen?" Oder du musst für die Schule am nächsten Tag noch etwas erledigen, surfst stattdessen aber im Internet, dann kannst du dich fragen: „Wie kann ich Ausdauer und Selbstbeherrschung lernen?" Wenn du dich über deine Hausaufgaben und die Dinge aufregst, die deine Eltern von dir verlangen, dann frage dich: „Wie kann ich in dieser Situation Dankbarkeit gegenüber Gott lernen für alles, was er mir gegeben hat, statt in Undankbarkeit zu baden, indem ich mich auf die vermeintlichen Ungerechtigkeiten meines Lebens konzentriere?" Vielleicht gelingt es dir beim nächsten Mal, dir erst vorzustellen, warum dein Lehrer oder deine Eltern etwas von dir verlangen, bevor du reagierst. Denke daran, dass dein ganzes Leben ein Übungsfeld dafür ist, Jesus immer ähnlicher zu werden.

Persönlich erlebt

Halte morgen in der Schule Ausschau nach Übungsmöglichkeiten. Achte darauf, wie viele Gelegenheiten du Tag für Tag hast, um Jesus ähnlicher zu werden. Bitte Gott, dir die Möglichkeiten zu zeigen, die dir helfen, ihm ähnlicher zu werden.

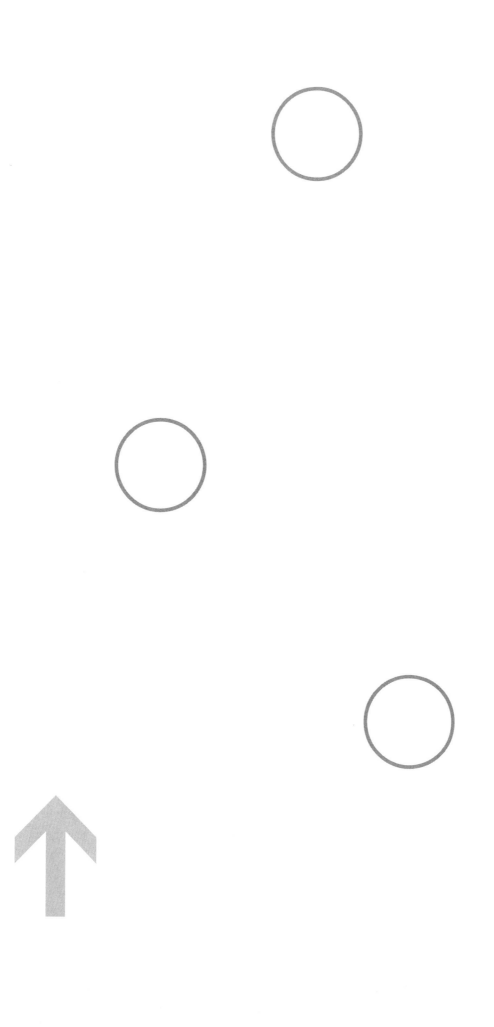

„Werde still und erkenne, dass ich Gott bin"

Ich möchte Gott wirklich mehr Raum in meinem Leben geben. Mein Kleingruppenleiter sagt, dass mir das besser gelingen könnte, wenn ich jeden Tag etwas Zeit in Ruhe mit Gott verbringe. Aber ich schaffe es einfach nicht, dazu die Zeit zu finden. Ich hetze immer in die Schule und habe nicht mal Zeit fürs Frühstück. Dann rast der Schultag nur so vorbei, und plötzlich sitze ich wieder da und muss arbeiten oder lernen oder Hausaufgaben machen. Ich habe so schon das Gefühl, dass ich nicht noch mehr in meinen Tag hineinpacken kann – ganz zu schweigen von genug Zeit mit Gott. Geht es anderen auch so?

Janie, 17

Persönlich gesehen

Unterstreiche oder markiere in deiner Bibel diesen Vers aus den Psalmen:

>> **Psalm 46,10**
„Seid stille und erkennet, dass ich Gott bin!"
(Luther)

Persönlich gefragt

1. Warum möchte Gott wohl, dass wir „still" sind oder zur Ruhe kommen, bevor wir bewusst über seine Gegenwart nachdenken?
   Wie kann uns Ruhe dabei helfen zu erkennen, dass Gott wirklich Gott ist?

2. Wo erlebst du in deinem Leben Ruhe oder Stille?

3. Welche Dinge oder Aktivitäten zeigen, dass du weißt, dass Gott wirklich Gott ist? Betest du beispielsweise regelmäßig? Machst du Spaziergänge, die dir die Zeit geben, in Ruhe über Gott nachzudenken?

Nimm dir 15 Minuten Zeit, in denen du wirklich ruhig bist. Bitte die anderen im Haus, dich nicht zu stören, und stelle sicher, dass dich weder Telefon noch Fernseher unterbrechen. Bevor du dich daran machst, den folgenden Anweisungen zu folgen, solltest du dir ein paar Dinge bewusst machen. Wenn du dir Zeit nimmst und zur Ruhe kommst, ist es entscheidend, dass du deiner Seele den Raum gibst, den sie braucht, um sich dein Leben und das, was Gott darin tut, bewusst zu machen. Du musst keine tiefe Erfahrung produzieren. Du musst einfach nur da sein und zuhören – Gott übernimmt den Rest. Mach dir keine Sorgen, wenn du dich ablenken lässt oder das Gefühl hast, nichts zu hören. Gott freut sich einfach darüber, dass du zu ihm kommst und Zeit mit ihm verbringen möchtest. So einfach ist es.

2 *Komme innerlich zur Ruhe.* Lege dazu einen Stift und einen Schreibblock zurecht, damit du notieren kannst, wenn dir einfällt, dass du dieses oder jenes noch erledigen musst. Schreibe alles auf, damit dein Kopf frei wird. Dann weißt du, dass du später auf deine Notizen zurückgreifen kannst. Atme ein paar Mal tief durch und entspanne dich.

3 *Sei still.* Höre auf das, was Gott dir sagen möchte. Vielleicht fällt dir eine Situation aus dem abgelaufenen Tag ein, in der du besser hättest reagieren können, oder eine Situation, mit der du gut umgegangen bist. Vielleicht denkst du an einen bestimmten Menschen, für den du beten möchtest.

1 *Finde einen ruhigen Ort.* Zünde eine Kerze als Symbol für Gottes Gegenwart an und stelle sie vor dir auf.

4 *Schließe mit einem Gebet ab.* Beende deine Zeit des Hörens mit einem stillen Dankgebet. Bete beispielsweise: „Danke, Gott, dass du jetzt bei mir bist."

Wenn wir wirklich still sind und zur Ruhe kommen – wenn unsere Gedanken genauso ruhig werden wie unser Körper –, dann schaffen wir einen Raum, in dem wir die Dinge in ihrem Gesamtzusammenhang sehen können. Schreibe hier alle Gedanken und Eindrücke auf, die du in deinen Zeiten mit Gott hattest. Wie schwer fiel es dir, zur Ruhe zu kommen? Denkst du, Gott hat versucht, dir etwas zu sagen? Wenn ja, was?

IMPULS 3

Mit dem Atem beten

Hast du dich schon einmal dabei erwischt, wie du etwas vor dich hinmurmeltest? Vielleicht warst du frustriert oder wütend, oder vielleicht hast du versucht, dich in der Geschäftigkeit des Alltags an etwas zu erinnern. Was würde passieren, wenn ein Gebet für dich so real würde, dass du wirklich glaubtest, Jesus sei immer an deiner Seite und versuchte zu verstehen, was du da vor dich hinmurmelst? Was würde es dich kosten, diese hingemurmelten Bedürfnisse, Frusterfahrungen oder Fragen direkt an Gott zu richten?

Persönlich gesehen

Unterstreiche oder markiere diese Verse des Apostels Paulus und die Worte Jesu im Matthäus-Evangelium in deiner Bibel:

>>
1. Thessalonicher 5,16–18
„Freut euch immerzu! Lasst nicht nach im Beten! Dankt Gott in jeder Lebenslage! Das will Gott von euch als Menschen, die mit Jesus Christus verbunden sind."

>> Matthäus 6,5–8
„[Jesus sagt:] ‚Wenn ihr betet, dann tut es nicht wie die Scheinheiligen! Sie beten gern öffentlich in den Synagogen und an den Straßenecken, damit sie von allen gesehen werden. Ich versichere euch: Sie haben ihren Lohn schon kassiert. Wenn du beten willst, dann geh in dein Zimmer, schließ die Tür zu und bete zu deinem Vater, der im Verborgenen ist. Dein Vater, der auch das Verborgene sieht, wird dich dafür belohnen. Wenn ihr betet, dann leiert nicht Gebetsworte herunter wie die Heiden. Sie meinen, sie könnten bei Gott etwas erreichen, wenn sie viele Worte machen. Ihr sollt es anders halten. Euer Vater weiß, was ihr braucht, bevor ihr ihn bittet.‘"

1. Welche zwei Arten von Gebet sollen wir meiden, wenn wir uns an den Worten Jesu orientieren (vgl. Matthäus 6,5–8)? Was war deiner Meinung nach das eigentliche Motiv der Leute, die Jesus als Scheinheilige bezeichnete?

2. Was rät uns Jesus, wenn wir zu Gott beten möchten? Warum sind das deiner Meinung nach die Gebete, wie Gott sie hören möchte?

3. Inwiefern verändert sich Gottes Rolle bei der Beantwortung von Gebeten, wenn wir demütig und aufrichtig beten?

Solche quasi mit einem Atemzug gesprochenen Gebete können beim Bibellesen helfen. Man bezeichnet dies auch als „Bibelmeditation". Nachdem du in der Bibel gelesen hast, kannst du dir Zeit für solche Gebete nehmen – kurze Gebete, in denen du Gott bittest, dich zu versorgen, dich zu leiten und dir dabei zu helfen, das umzusetzen, was du gerade gelesen hast. Probiere es mal mit jedem Vers aus Psalm 139, Verse 23 und 24 aus. Nach dem ersten Satzteil „Durchforsche mich, Gott, sieh mir ins Herz" kannst du Gott beispielsweise sagen, wie es in deinem Herzen aussieht, indem du betest: „Gott, bitte hilf mir, ich bin gerade so traurig." Nun mache selbst weiter und probiere es aus.

Danke Gott dafür, dass er zu jeder Tageszeit ein offenes Ohr für dich hat. Danke ihm, dass er für dich da ist und du dich auf ihn verlassen kannst.

„Durchforsche mich, Gott, sieh mir ins Herz, prüfe meine Wünsche und Gedanken! Und wenn ich in Gefahr bin, mich von dir zu entfernen, dann bring mich zurück auf den Weg zu dir!"

Wir brauchen keine bestimmte Situation oder einen bestimmten Ort, um mit Gott reden zu können. Wir können zu jeder Zeit und an jedem Ort ein schnelles Gebet sprechen. Diese Gebete, die nur einen Atemzug dauern, sind kurze Gedankengebete, die du in jeder Situation formulieren kannst. Du kannst beispielsweise . . .

> . . . Gott um etwas bitten: „Herr, hilf mir, diese Hausaufgaben zu schaffen; ich bin so erledigt."
>
> . . . Gott für etwas danken: „Danke, dass du mir bei diesem schwierigen Gespräch geholfen hast. Du kümmerst dich wirklich um mich."
>
> . . . die Kommunikation aufrechterhalten: „Herr, ich bin heute so deprimiert."

Übe morgen den ganzen Tag über solche kurzen Gebete. Diese Gebete werden dich daran erinnern, dass du nicht alleine bist – Gott ist immer bei dir.

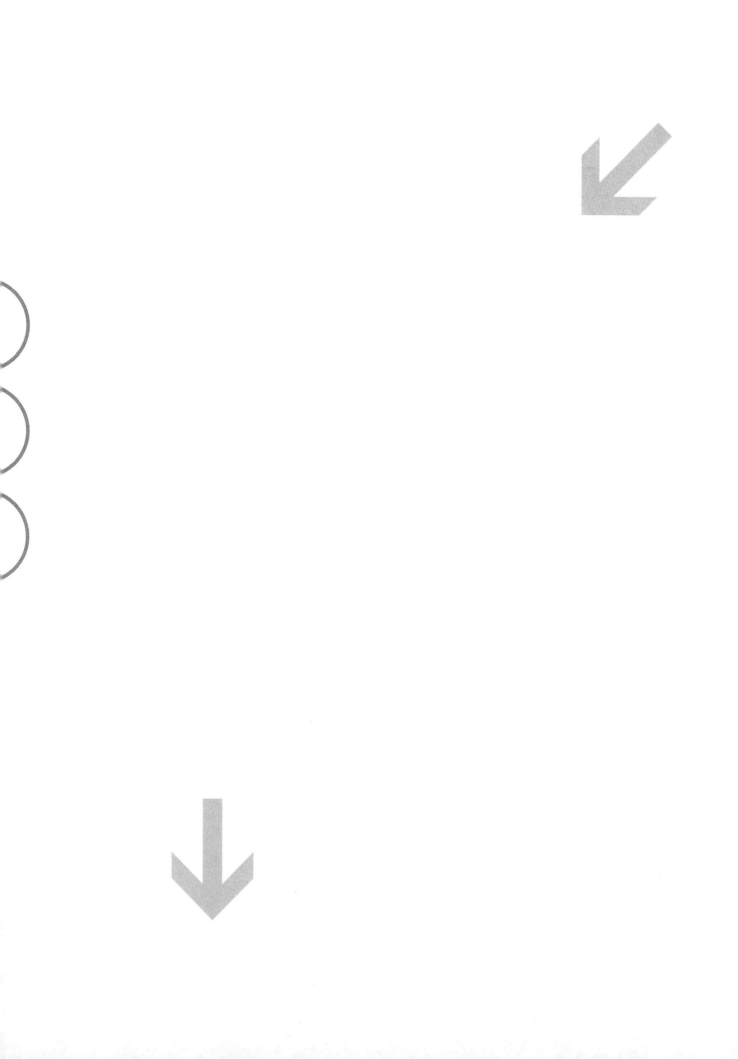

I 4

Bibelmeditation

Hat dir ein Song schon einmal so gut gefallen, dass du den Text im CD-Booklet nachgelesen hast? Dann hast du den Song immer wieder gespielt und laut mitgesungen, bis du den Text auswendig kanntest? Vielleicht ist es dir peinlich, zuzugeben, dass du singst, wenn du alleine im Auto unterwegs oder in deinem Zimmer bist, aber keine Sorge: Fast jeder macht so was! Ein Song gefällt uns so gut, dass wir mitsingen und den ganzen Text auswendig können wollen, weil er uns etwas bedeutet oder uns auf eine Weise anspricht, die wir gar nicht in Worte fassen können. Gott gab uns die Bibel, damit sie diese Funktion für uns erfüllt; sie sollte uns mehr bedeuten als unser Lieblingssong und uns helfen, seine Liebe zu uns und den Sinn unseres Lebens besser zu verstehen.

Persönlich gesehen

Unterstreiche oder markiere in deiner Bibel diese Verse aus den Briefen des Apostels Paulus an seinen jungen Mitarbeiter Timotheus und an die Gemeinden in Rom:

>> **2. Timotheus 3,15–17**
„Du kennst auch seit deiner Kindheit die Heiligen Schriften. Sie können dich den Weg zur Rettung lehren, die dir zuteil wird durch den Glauben, der sich auf Jesus Christus gründet. Sie dienen dir aber auch bei deiner Aufgabe als Lehrer der Gemeinde. *Denn jede Schrift, die von Gottes Geist eingegeben wurde, ist nützlich* für die Unterweisung im Glauben, für die Zurechtweisung und Besserung der Irrenden, für die Erziehung zu einem Leben, das Gott gefällt. Mit den Heiligen Schriften in der Hand ist der Mensch, der sich Gott zur Verfügung gestellt hat, ausgerüstet für alle Aufgaben seines Dienstes."

>> **Römer 12,2**
„Passt euch nicht den Maßstäben dieser Welt an. *Lasst euch vielmehr von Gott umwandeln, damit euer ganzes Denken erneuert wird.* Dann könnt ihr euch ein sicheres Urteil bilden, welches Verhalten dem Willen Gottes entspricht, und wisst in jedem einzelnen Fall, was gut und gottgefällig und vollkommen ist."

Persönlich gefragt

1. Welchen Nutzen hat die Bibel im Einzelnen? Unterstreiche alles, was Paulus in 2. Timotheus 3, Verse 15 bis 17 aufzählt.

2. Paulus warnt uns davor, uns den „Maßstäben" dieser Welt anzupassen. Wir sollen stattdessen unser „Denken erneuern". Inwiefern kann unser Nachdenken über die Bibel uns
verändern und unser Denken erneuern?

3. Inwiefern macht uns die Bibel deiner Meinung nach „fit", alles zu tun, „was gut und gottgefällig und vollkommen ist"?

Persönlich nachgedacht

Im Folgenden soll es darum gehen, mit der Bibel zu beten. Schreibe nach jedem Vers von
Psalm 23 ein einzeiliges Gebet, das ausdrückt, wie dich der jeweilige Vers anspricht.

Beispiel: *„Der Herr ist mein Hirt; darum leide ich keine Not."*
„Gott, danke, dass du auf mich aufpasst und mir alles gibst, was ich brauche."

„Der Herr ist mein Hirt; darum leide ich keine Not."

*„Er bringt mich auf saftige Weiden, lässt mich ruhen am frischen Wasser und gibt mir neue
Kraft."*

„Auf sicheren Wegen leitet er mich, dafür bürgt er mit seinem Namen."

„Und muss ich auch durchs finstere Tal – ich fürchte kein Unheil! Du, Herr, bist ja bei mir …"

„... du schützt mich und führst mich, das macht mir Mut."

„Vor den Augen meiner Feinde deckst du mir deinen Tisch; als Gast nimmst du mich bei dir auf und füllst mir den Becher randvoll."

„Deine Güte und Liebe umgeben mich an jedem neuen Tag; in deinem Haus darf ich nun bleiben mein Leben lang."

Persönlich erlebt

Such dir heute, bevor du schlafen gehst, einen Vers aus Psalm 23 aus und meditiere ihn – das heißt, sprich ihn immer wieder aus, denke über jedes einzelne Wort nach, und überlege dir, wie du diesen Vers auf dein Leben anwenden kannst. Versuche auch, diesen Vers den morgigen Tag über in deinen Gedanken zu behalten. Mach dir bewusst, wie sich der Vers in allen Situationen deines Lebens anwenden lässt.

Große Träume träumen

Vielen Menschen fällt es sehr schwer zu glauben, dass sich der Schöpfer des Universums um jedes einzelne Detail ihres Lebens kümmert. Wie kann ein Gott, der den Lauf der Galaxien verfolgt, sich gleichzeitig um einen Menschen kümmern, dessen Hauptsorge darin besteht, dass ein Freund oder eine Freundin nicht mehr so nett ist, wie er oder sie es einmal war. Aber genau das hat Gott uns zugesagt. Er kennt sogar die Anzahl der Haare auf deinem Kopf (Matthäus 10,30). Und was noch erstaunlicher ist: Er hat einen Plan für dein Leben!

Persönlich gesehen

Unterstreiche oder markiere in deiner Bibel diese Verse aus dem Alten Testament:

Persönlich gefragt

1. Inwiefern ermutigt dich dieses Versprechen Gottes?

>> **Jeremia 29,11–14**
„[...] denn *mein Plan mit euch* steht fest: Ich will euer Glück und nicht euer Unglück. Ich habe im Sinn, euch eine Zukunft zu schenken, wie ihr sie erhofft. Das sage ich, der Herr. Ihr werdet kommen und zu mir beten, ihr werdet rufen, und ich werde euch erhören. Ihr werdet mich suchen und werdet mich finden. Denn wenn ihr mich von ganzem Herzen sucht, werde ich mich von euch finden lassen. Das sage ich, der Herr."

2. Was verspricht Gott dir in diesem Textabschnitt?

3. Wie sieht deiner Meinung nach Gottes Plan für dein Leben aus?

Nimm dir einen Augenblick Zeit und sage Gott, wie dankbar du ihm dafür bist, dass er einen Plan für dein Leben hat – selbst wenn du dir nicht sicher bist, wie dieser Plan aussieht. Denke darüber nach, wie dein Leben bisher aussah und wie Gottes Wirken darin zu erkennen war. Mach dir Gedanken über die folgenden Fragen und formuliere mit ihrer Hilfe „Gottes Traum für mein Leben".

Welche Leidenschaften und Sehnsüchte hat Gott in dich hineingelegt? Denke nun an deine Zukunft. Wie könntest du diese Leidenschaften einsetzen, um Gott heute und in fünf Jahren damit zu dienen? In welchem Dienst könntest du dich engagieren? Was könntest du mit Gottes Hilfe in dieser Welt verändern? Denke darüber nach, wie sich das Leben von Menschen ändern kann und wie die Menschen deiner Generation diese Welt verändern können. Vergiss nicht, große Träume zu träumen – denn Gott ist ein großer und mächtiger Gott!

Schreibe Jeremia 29, Vers 11 auf eine Karteikarte oder einen Zettel. Platziere den Vers an einem Ort, an dem du ihn jeden Morgen sehen kannst. Lass dich auf diese Weise daran erinnern, für Gott *groß* zu träumen und dich nicht durch andere Menschen entmutigen und davon abhalten zu lassen, Gottes Absichten für dein Leben zu erkennen und daran festzuhalten.

EINHEIT

EINHEIT 5

Geistliches Wachstum

Teil 2: Andere Menschen lieben

Zum Einstieg

1. Beschreibe den übrigen Teilnehmern der Gruppe, was für dich während der täglichen Impulse die wertvollste Erkenntnis war.

2. Beschreibe die für dich wertvollste praktische Aktivität.

3. Welche Erfahrungen hast du mit den geistlichen Übungen gemacht? Hast du gemerkt, ob diese geistlichen Übungen etwas daran verändert haben, wie du in dieser Woche gelebt hast?

4. Welche Fragen oder Bedenken haben die täglichen Impulse bei dir ausgelöst?

Ich meldete mich freiwillig für einen Einsatz meiner Jugendgruppe in Ecuador, weil meine Freunde auch daran teilnahmen. Ich dachte, es würde bestimmt Spaß machen. Ein Teil von uns half bei einer Ferienbibelschule für die Kinder des Ortes mit, ein anderer Teil half einem Team von Erwachsenen beim Bau von Häusern. Ich freundete mich mit ein paar Kindern im Grundschulalter an, vor allem mit zwei Jungs. Wir konnten uns nicht richtig unterhalten, weil wir nicht dieselbe Sprache sprachen, aber irgendwie lernten wir uns kennen. Sie schienen von allem begeistert zu sein, was wir für sie machten. Nach Hause zu kommen war dann ziemlich hart, wenn man sieht, wie viel wir im Vergleich zu ihnen haben. Aber jetzt kann ich es kaum erwarten, wieder auf einen Einsatz mitzufahren. In gewisser Hinsicht habe ich mich noch nie so lebendig gefühlt.

Melissa, 16

Im letzten Kapitel haben wir uns mit geistlichen Übungen beschäftigt, die uns dabei helfen sollen, Gott besser kennen zu lernen. Je besser wir Gott kennen und je stärker wir uns von Gott abhängig machen, desto größer wird unsere Liebe zu ihm. Je mehr wir Gott lieben, desto mehr leben wir, wie Jesus an unserer Stelle leben würde – was sich darin ausdrückt, dass wir andere Menschen lieben, wie wir in dieser Woche sehen werden.

1. Wann habt ihr die Liebe Gottes durch einen anderen Menschen erfahren? Warum hat dieser Mensch euch eurer Meinung nach wohl auf diese Weise seine Liebe gezeigt? Wie habt ihr euch dabei gefühlt?

2. Wann habt ihr das letzte Mal einem Menschen mit der Liebe Gottes gedient? Wie habt ihr euch dabei gefühlt? Warum?

>> **1. Johannes 4,7–12**

„Ihr Lieben, wir wollen einander lieben, denn die Liebe kommt von Gott! Wer liebt, hat Gott zum Vater und kennt ihn. Wer nicht liebt, kennt Gott nicht; denn Gott ist Liebe. Gottes Liebe zu uns hat sich darin gezeigt, dass er seinen einzigen Sohn in die Welt sandte. Durch ihn wollte er uns das neue Leben schenken. Das Einzigartige an dieser Liebe ist: Nicht wir haben Gott geliebt, sondern er hat uns geliebt. Er hat seinen Sohn gesandt, damit er durch seinen Tod Sühne leiste für unsere Schuld. Ihr Lieben, wenn Gott uns so sehr geliebt hat, dann müssen auch wir einander lieben. Niemand hat Gott je gesehen. Aber wenn wir einander lieben, lebt Gott in uns. Dann hat seine Liebe bei uns ihr Ziel erreicht."

Gemeinsam gelesen

Lest gemeinsam 1. Johannes 4, Verse 7 bis 12.

Gemeinsam besprochen

1. Welche Gründe werden in diesem Text genannt, andere Menschen zu lieben?

2. Was passiert mit unserer Beziehung zu Gott, wenn wir andere Menschen nicht lieben?

3. Wie hat Gott uns Liebe vorgelebt?

Zeit für Gemeinschaft

Inwiefern unterscheidet sich die Liebe, von der die Welt so viel spricht, von der Liebe Gottes? Welche Gelegenheiten bieten sich uns jeden Tag, anderen Menschen durch unser Reden und Handeln die Liebe Gottes zu zeigen?

Dankt Gott gemeinsam im Gebet für die Möglichkeiten, die wir haben, um andere Menschen durch liebevolles Handeln auf Gott hinzuweisen. Bittet Gott auch, euch zu helfen, die vielen Gelegenheiten im Alltag wahrzunehmen, bei denen ihr Jesus ähnlicher werdet, indem ihr anderen Menschen dient.

Gemeinsam erlebt

Nun ist es an der Zeit, dass wir ganz praktisch üben, anderen Liebe zu zeigen, indem wir uns gegenseitig ermutigen. Ermutigt euch reihum, formuliert eure Ermutigung dabei so konkret wie möglich (beispielsweise: „Du bist immer so nett zu anderen, du bist immer bereit, anderen zu helfen, du bist ein Vorbild für einen ganz hingegebenen Nachfolger Jesu"). Nachdem jeder an der Reihe war, könnt ihr euch darüber austauschen, wie es sich für euch angefühlt hat, so ermutigt zu werden.

EINHEIT

Impulse für den Alltag

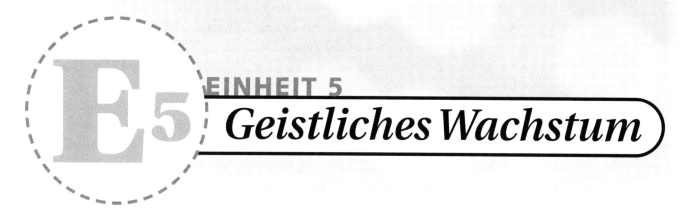

EINHEIT 5

Geistliches Wachstum

Teil 2: Andere Menschen lieben

Andere Menschen zu lieben und ihnen zu dienen kann lebensverändernd wirken. In diesem Kapitel werden wir entdecken, wie wir Jesus ähnlicher werden, indem wir anderen Menschen Liebe entgegenbringen.

Ein dienender Leiter

Wer wird nicht gerne angefeuert, besonders wenn er etwas gut gemacht hat, etwa eine Prüfung bestanden oder einen Sportwettkampf gewonnen hat? Und wem gefällt es nicht, wenn andere sich um ihn kümmern? Wenn andere uns loben und sich um uns kümmern, haben wir das Gefühl, beachtet, wertgeschätzt und sogar geliebt zu werden. Die Leute lobten Jesus oft, nachdem sie ihm begegnet waren. Einige wollten ihn sogar zum König krönen. Andere legten ihre Mäntel und Palmzweige auf den Weg, als er nach Jerusalem ritt. Aber Jesus handelte nicht so, wie sie es von ihm erwarteten. Wenn er danach gefragt wurde, wer der Größte sei, forderte er seine Zuhörer dazu auf, wie Kinder zu werden – unschuldig, offen und vertrauensvoll statt ehrgeizig. Als man ihm bei einem Essen den Ehrenplatz anbot, zog er es vor, den bescheidensten Platz zu wählen, und er ging sogar so weit, dass er sich erniedrigte, indem er Petrus die Füße wusch – ein echtes Zeichen für einen dienenden Leiter. Seine Botschaft war klar: Wenn wir ihm ähnlicher werden wollen, müssen wir anderen dienen. So wie wir gerne angefeuert und umsorgt werden, müssen auch wir lernen, andere anzufeuern und zu umsorgen. Wir müssen zu dienenden Leitern werden – wie Jesus einer war.

Persönlich gesehen

Unterstreiche oder markiere in deiner Bibel die folgenden Verse. Der erste Text stammt aus dem Johannes-Evangelium und berichtet von Jesus. Der zweite stammt aus dem Brief des Apostels Paulus an die Gemeinde in Philippi (eine Stadt, die in der Antike zu Mazedonien gehörte und heute in Griechenland liegt).

>> Johannes 13,15
„Ich habe euch ein Beispiel gegeben, *damit auch ihr so handelt, wie ich an euch gehandelt habe.*"

>> Philipper 2,3–11
„Handelt nicht aus Selbstsucht oder Eitelkeit! *Seid bescheiden* und achtet den Bruder oder die Schwester mehr als euch selbst. *Denkt nicht an euren eigenen Vorteil,* sondern an den der anderen, jeder und jede von euch! *Habt im Umgang miteinander stets vor Augen, was für einen Maßstab Jesus Christus gesetzt hat.* Er war in allem Gott gleich, und doch hielt er nicht gierig daran fest, so wie Gott zu sein. Er gab alle seine Vorrechte auf und wurde einem Sklaven gleich. […]"

„[...]
Er wurde ein Mensch in
dieser Welt und teilte das Leben
der Menschen. Im Gehorsam gegen
Gott erniedrigte er sich so tief,
dass er sogar den Tod auf sich nahm, ja,
den Verbrechertod am Kreuz. Darum hat Gott
ihn auch erhöht und ihm den Rang und Namen
verliehen, der ihn hoch über alle stellt.
Vor Jesus müssen alle auf die Knie fallen – alle,
die im Himmel sind, auf der Erde und unter
der Erde; alle müssen feierlich bekennen:
‚Jesus Christus ist der Herr!'
Und so wird Gott, der Vater,
geehrt."

Persönlich gefragt

1. Auf welche Art und Weise lebte Jesus einen dienenden Leitungsstil vor?

2. Paulus rät in seinem Brief an die Philipper ganz direkt: „Handelt nicht aus Selbstsucht oder Eitelkeit! Seid bescheiden . . . Denkt an den Vorteil der anderen." Würden die Menschen, die dich gut kennen, über dich sagen, dass du bescheiden bist und an andere denkst? Warum oder warum nicht?

3. Was kannst du tun, um Paulus' Rat in die Praxis umzusetzen?

Persönlich nachgedacht

Denke an Situationen zurück, in denen dir jemand etwas besonders Gutes getan oder dir einen Dienst erwiesen hat – angefangen von ganz alltäglichen Dingen wie eine Mitfahrgelegenheit zur Schule bis hin zu Geburtstagen oder Weihnachten. Dann überlege dir, wie du dich gefühlt hast, als du diese Geschenke bekommen oder diese Dienste in Anspruch genommen hast. Formuliere schriftlich ein Gebet, in dem du Gott bittest, dir dabei zu helfen, anderen besser zu dienen und diese Art von Erfahrungen verschaffen zu können.

Erweise in den nächsten 24 Stunden jemandem einen Dienst, den du ihm normalerweise nicht leisten würdest. Das könnte so etwas Einfaches sein, wie jemandem in der Warteschlange den Vortritt zu lassen, für jemanden etwas Heruntergefallenes aufzuheben oder dich freiwillig für Haushaltsarbeiten zu melden. Diese Übung wird dir dabei helfen, die Gewohnheit zu entwickeln, anderen Menschen ganz selbstverständlich zu dienen. Bitte Gott, dir eine dienende Haltung zu schenken und dir dabei zu helfen, Gelegenheiten wahrzunehmen, um Jesus ähnlicher zu werden.

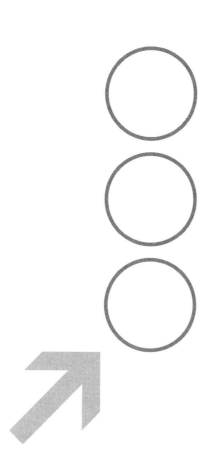

IMPULS 2

Die Macht der Ermutigung

Geistlich zu wachsen, indem man anderen Liebe entgegenbringt und ihnen dient, kann sehr schwierig sein. Wie kann man andere wichtiger nehmen als sich selbst, besonders in einer Welt, die überall die Botschaft vermittelt: „Kümmere dich um die Nummer 1 in deinem Leben – dich selbst!"? Das scheint eine schier unmögliche Veränderung zu sein. Wie wir in den zehn Grundwerten in der Einführung in die Gruppenarbeiten (siehe Seite 19) sehen, vollzieht sich geistliche Veränderung durch das Wirken Gottes, nicht durch unser eigenes Abmühen, und es ist ein Prozess, der Zeit braucht. Geistliche Veränderung erfordert unsere Bereitschaft, den ersten Schritt zu gehen, was oft einfacher ist, als wir denken. Es ist beispielsweise für andere ein riesiges Geschenk, wenn man ganz einfach jemand ist, der sie ermutigt. Außerdem ist es gleichzeitig ein Schritt in die richtige Richtung, um Jesus ähnlicher zu werden.

Persönlich gesehen

Unterstreiche oder markiere in deiner Bibel diese Verse aus den Sprichwörtern, aus dem Hebräer-Brief (einem anonym verfassten neutestamentlichen Brief) und aus dem Brief des Apostels Paulus an die Philipper.

>> **Sprichwörter 16,24**
„Freundliche Worte sind wie Honig: süß für den Gaumen und gesund für den ganzen Körper."

>> **Hebräer 3,13**
„Ermahnt euch gegenseitig jeden Tag, solange jenes ‚Heute' gilt, damit niemand von euch dem Betrug der Sünde erliegt und sich dem Ruf dieser Stimme verschließt."

>> **Philipper 4,4–5**
„Freut euch immerzu, mit der Freude, die vom Herrn kommt! Und noch einmal sage ich: Freut euch! Alle sollen sehen, wie freundlich und gütig ihr zueinander seid. Der Herr kommt bald!"

Persönlich gefragt

1. Was meint der Verfasser des Hebräer-Briefes deiner Meinung nach mit „Betrug der Sünde"? Warum führt Sünde wohl dazu, dass man sich dem Ruf der Stimme Gottes verschließt und egoistisch wird?

2. Warum ist es deiner Meinung nach so wichtig, andere jeden Tag zu ermutigen und ihnen zu zeigen, dass wir wirklich meinen, was wir sagen? Welche positive Wirkung hat es, wenn wir für einen anderen Menschen zum Ermutiger werden?

3. Was schenkt unseren Worten Glaubwürdigkeit und erweckt nicht nur den Anschein, dass wir nett sein wollen?

4. Inwiefern können laut Sprichwörter 16, Vers 24 freundliche Worte wie Honig sein?

Persönlich nachgedacht

Trage in die folgende Tabelle die Namen von Freunden oder Familienmitgliedern ein, auf die du positiv einwirken kannst. Schreibe neben jeden Namen eine Idee, wie du für diese Person zum Ermutiger werden kannst.

Name	Ermutigungsidee
1.	
2.	
3.	
4.	
5.	

Formuliere hier ein schriftliches Gebet, wenn deine Tabelle ausgefüllt ist, in dem du Gott bittest, dir dabei zu helfen, deine Ideen im Laufe der nächsten Tage in die Praxis umzusetzen.

Persönlich erlebt

Beschäftige dich in dieser Woche mit der Umsetzung der Ermutigungsideen. Nimm gleich jetzt mit ein oder zwei dieser Personen per E-Mail oder Telefon Kontakt auf und sage ihnen etwas Ermutigendes. Zum Beispiel: „Ich schätze an dir besonders deine freundliche Art." Oder: „Du bist ein guter Freund für mich. Du kannst anderen immer gut zuhören." Achte darauf, die Wahrheit in Liebe zu sagen.

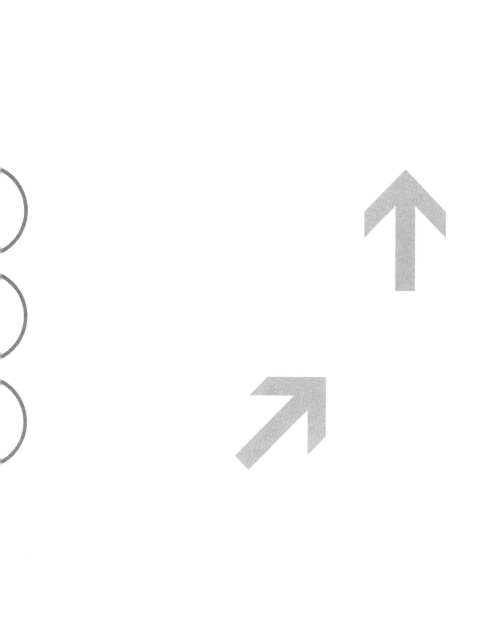

Die „2,14-Haltung"

Manchmal scheint das Leben einfach unfair zu sein. Die Leute sind gemein zu dir; deine Freunde lassen dich links liegen; deine Eltern verlangen unmögliche Dinge von dir. Die Versuchung ist groß, dich selbst zu bemitleiden und wütend zu werden – und dich bei anderen zu beschweren. Bevor du es merkst, sind alle um dich herum schlecht gelaunt. Genau in solchen Situationen entdecken wir, dass man in demselben Maß, in dem man Menschen mit einer Ermutigung den Tag heller machen kann, mit einer negativen Haltung den Leuten den Tag verderben kann, mit denen wir in Kontakt kommen. Wenn wir Jesus ähnlicher werden wollen, müssen wir herausfinden, wie wir unsere Grundhaltung verändern können.

Persönlich gesehen

Markiere oder unterstreiche in deiner Bibel die folgenden Verse aus den Briefen des Apostels Paulus an die Gemeinde in Ephesus (an der Küste der heutigen Türkei) und Philippi:

>> Epheser 4,21–25

„Ihr habt doch von ihm gehört, ihr seid über ihn unterrichtet worden und habt an Jesus den Maßstab für euer eigenes Leben. Legt also eure frühere Lebensweise ab! Ja, legt den ganzen alten Menschen ab, der seinen Begierden folgt! Die betrügen ihn nur und führen ihn ins Verderben. *Lasst euch in eurem Denken erneuern* durch den Geist, der euch geschenkt ist. Zieht den neuen Menschen an, den Gott nach seinem Bild geschaffen hat und der gerecht und heilig lebt aus der Wahrheit Gottes, an der nichts trügerisch ist. Was bedeutet das im Einzelnen? Legt das Lügen ab und sagt zueinander die Wahrheit; denn wir alle sind Glieder am Leib von Christus."

>> Philipper 2,14–16

„Tut das alles ohne Murren und ohne Zweifel! Ihr sollt ja rein und fehlerlos werden und euch als Gottes vollkommene Kinder erweisen mitten unter verirrten und verdorbenen Menschen; ihr sollt leuchten unter ihnen wie die Sterne am nächtlichen Himmel. Dazu müsst ihr an der Botschaft festhalten, die euch das ewige Leben verspricht. Dann werdet ihr mein Ruhm sein an dem Tag, an dem Christus kommt, weil meine Arbeit und Mühe nicht vergeblich gewesen sind."

Persönlich gefragt

1. Was meint Paulus deiner Meinung nach damit, wenn er uns auffordert, unsere „frühere Lebensweise abzulegen"? Was ist unser „neuer Mensch" und wie zeigt er sich? In welchen Bereichen ist dein Leben davon betroffen?

2. Wie stellst du dir eine „Erneuerung deines Denkens durch den Geist" vor?

3. Ist es immer falsch, sich zu beschweren und zu beklagen? Kann man seinem Missfallen auch Ausdruck verleihen und immer noch „rein und fehlerlos" bleiben? Wie?

Gehe in Gedanken noch einmal die Begegnungen mit deinen Freunden und deiner Familie in den letzten Tagen durch. Schreibe dir die Situationen auf, in denen du dich über irgendetwas beschwert oder mit jemandem gestritten hast. Denke darüber nach, wie diese Gespräche auf die Personen gewirkt haben, mit denen du geredet hast. Schreibe dir auch auf, wie du in dieser Situation mit einer „2,14-Haltung" hättest reagieren können („Tut das alles ohne Murren und ohne Zweifel!"). Bitte Gott, dir zu helfen, den ganzen Tag in dieser „2,14-Haltung" zu leben.

Situation 1:

Situation 2:

Situation 3:

Schreibe „2,14" auf deinen Handrücken, um dich daran zu erinnern, den ganzen Tag über in einer „2,14-Haltung" zu leben. Bitte Gott im Gebet darum, dir Alternativen zu zeigen, wenn du drauf und dran bist, dich zu beschweren oder zu streiten.

Die Tratsch-Herausforderung

Ich saß im Pausenraum in der Schule, als Tiffany vorbeikam und sich zu mir setzte. „Na, warst du am Wochenende auch auf Joshs Party? Hast du schon das von Anne gehört?", fragte sie.

„Nein", sagte ich. „Was war los?" Anne war eine gute Freundin von mir, aber ich hatte sie an diesem Tag noch nicht in der Schule gesehen.

„Na ja, ich habe gehört, sie war total betrunken und landete dann mit Josh im Bett. Ihre Eltern waren nämlich übers Wochenende nicht da", entgegnete Tiffany.

Ich konnte es kaum glauben. Ich wusste, dass Anne Josh mochte, aber ich konnte mir einfach nicht vorstellen, dass sie sich betrinken und mit ihm schlafen würde. Ich sagte aber nichts, sondern ging davon aus, dass es stimmte. Nach der Mittagspause hielt mich Brian, ein weiterer Freund, im Flur auf. „Hast du schon das von Anne und Josh gehört?", fragte er.

„Josh und Anne! Verrückt, oder?", sagte ich.

„Und wie! Ich hätte das nie von ihr gedacht", entgegnete Brian, als wir zu Biologie gingen.

Als ich am Ende des Schultages zum Parkplatz kam, sah ich Anne weinend neben ihrem Auto stehen. „Was ist denn mit dir los?", fragte ich sie und tat so, als ob ich die Gerüchte nicht gehört hätte, die sich den ganzen Tag über verbreitet hatten.

„Hast du nicht gehört, was die Leute sagen? Alle sagen, ich war bei der Party betrunken und habe mich mit Josh eingelassen! Das stimmt überhaupt nicht – ich habe absolut nichts getrunken! Ich war zwar eine der Letzten, die gegangen sind, aber zwischen Josh und mir war nichts."

Ich fühlte mich schlecht, weil ich selbst bei den Gerüchten mitgemischt hatte, die sie so verletzt hatten. Als ich mich entschuldigte, war mir klar, dass ich einen großen Bogen um jeden Tratsch machen musste – um meinetwillen und um meiner Freunde willen.

DeMara, 17

>> **Sprichwörter 27,6**

„Ein Freund bleibt dein Freund, auch wenn er dir wehtut; ein Feind überfällt dich mit übertrieben vielen Küssen."

>> **Sprichwörter 16,28**

„Ein heimtückischer Mensch sät überall Streit und ein Verleumder bringt Freunde auseinander."

>> **Matthäus 18,15–17**

„[Jesus sagt:] Wenn dein Bruder – und das gilt entsprechend für die Schwester – ein Unrecht begangen hat, dann geh hin und stell ihn unter vier Augen zur Rede. Wenn er mit sich reden lässt, hast du ihn zurückgewonnen. Wenn er aber nicht auf dich hört, dann geh wieder hin, diesmal mit ein oder zwei anderen; denn jede Sache soll ja auf Grund der Aussagen von zwei oder drei Zeugen entschieden werden. Wenn er immer noch nicht hören will, dann bring die Angelegenheit vor die Gemeinde. Wenn er nicht einmal auf die Gemeinde hört, dann behandle ihn wie einen Ungläubigen oder Betrüger."

Persönlich gefragt

1. Inwiefern kann eine Wunde, die dir ein Freund zufügt, nicht so schlimm sein wie ein Kuss von einem Feind? Was ist jeweils die Folge?

2. Hast du schon einmal erlebt, dass Tratsch Menschen auseinander gebracht hat?

3. In Anlehnung an Jesu Ratschläge zum Thema „Konfrontation": Was muss geschehen, bevor du mit anderen über deine Bedenken sprichst?

4. Auch wenn es vielleicht schwierig ist: Welche Vorteile hat es, wenn man direkt auf die Person zugeht, auf die sich deine Bedenken beziehen (mit anderen Worten: wenn du einem Freund wehtun musst)?

Persönlich nachgedacht

Denke an eine Situation, in der du Tratsch über jemand anderen gehört hast. Wie hast du dich dabei gefühlt? Wenn jemand Gerüchte über dich verbreitet hätte, würdest du dir dann wünschen, dass andere, die diese Gerüchte hören, dich danach fragen würden, damit du ihnen die Wahrheit sagen könntest? Welche Reaktion würdest du dir von anderen wünschen? Formuliere hier ein Gebet, in dem du Gott bittest, dir dabei zu helfen, nicht auf Tratsch zu hören oder selbst Gerüchte zu verbreiten. Wenn es sich nicht vermeiden lässt, dann bitte um den Mut, direkt mit der Person zu sprechen, über die du Gerüchte gehört hast, um von ihr selbst die Wahrheit zu hören.

Persönlich erlebt

Nimm dir Zeit, um zur Ruhe zu kommen und darüber nachzudenken, ob du in letzter Zeit Gerüchte über andere Leute gehört oder selbst verbreitet hast oder nicht. Was musst du tun, um alles in Ordnung zu bringen? Vielleicht musst du dich bei jemandem entschuldigen oder jemanden direkt ansprechen, um die Wahrheit herauszufinden. Bitte Gott um die richtigen Worte. Bemühe dich, noch in dieser Woche mit der betreffenden Person zu sprechen.

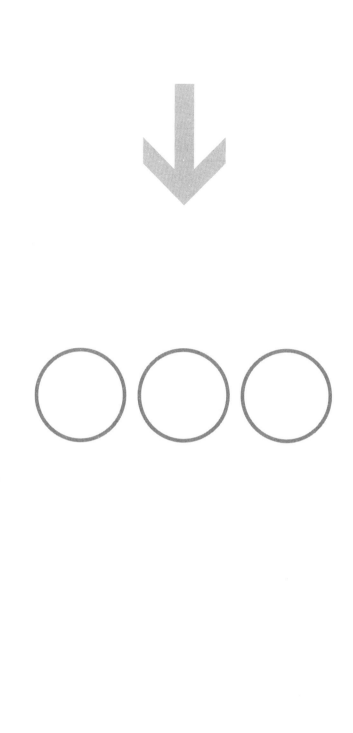

I5 IMPULS 5

Eine andere Art von Liebe

Wir haben uns bislang damit beschäftigt, was es bedeutet, ein dienender Leiter und ein Ermutiger zu sein. Wir haben uns auch die Gefahren angeschaut, die es mit sich bringt, wenn man sich ständig beschwert, streitsüchtig ist und Tratsch verbreitet. Aber eigentlich geht es bei allem darum, anderen mit Liebe zu begegnen. Die radikalste Lehre Jesu fordert uns nämlich dazu auf, den Mut zu haben, anderen Menschen Liebe zu zeigen.

Persönlich gesehen

Markiere oder unterstreiche folgende Verse aus dem berühmten Text des Apostels Paulus über die Liebe:

>> **1. Korinther 13,2–7**
„Wenn ich prophetische Eingebungen habe und alle himmlischen Geheimnisse weiß und alle Erkenntnis besitze, wenn ich einen so starken Glauben habe, dass ich Berge versetzen kann, aber ich habe keine Liebe – dann bin ich nichts. Und wenn ich all meinen Besitz verteile und den Tod in den Flammen auf mich nehme, *aber ich habe keine Liebe – dann nützt es mir nichts.* Die Liebe ist *geduldig* und *gütig.* Die Liebe *eifert nicht* für den eigenen Standpunkt, sie *prahlt nicht* und *spielt sich nicht auf.* Die Liebe *nimmt sich keine Freiheiten* heraus, sie *sucht nicht den eigenen Vorteil.* Sie *lässt sich nicht zum Zorn reizen* und *trägt das Böse nicht nach.* Sie ist *nicht schadenfroh,* wenn anderen Unrecht geschieht, sondern *freut sich mit, wenn jemand das Rechte tut.* Die Liebe *gibt nie jemand auf, in jeder Lage vertraut und hofft sie für andere; alles erträgt sie mit großer Geduld.*"

Persönlich gefragt

1. Paulus listet einige erstaunliche Leistungen auf (alle Geheimnisse kennen, Berge versetzen), die ohne Liebe völlig wertlos wären. Denke an Menschen, die sehr erfolgreich sind (Musiker, Sportler, Schauspieler). Was bedeuten ihre Leistungen für Gott, wenn sie nicht in einer Haltung der Liebe erbracht werden?

2. Was sagt dieser Text zum Thema „Ehrgeiz"?

3. Gottes Liebe unterscheidet sich völlig davon, wie unsere Gesellschaft die Liebe sieht. Inwiefern musst du deine Sichtweise von Liebe ändern, wenn es darum geht, andere Menschen zu lieben?

4. So sieht die Liebe aus, die Gott für dich hat. Inwiefern hilft dir das Wissen, dass du so geliebt wirst, dabei, diese Liebe auch anderen Menschen zu zeigen? Warum?

Persönlich nachgedacht

Schreibe in den folgenden Freiraum 1. Korinther 13, Verse 4 bis 7 ab (beginnend mit „Die Liebe ist geduldig . . .“), aber ersetze das Wort Liebe immer durch deinen Namen. Wenn du Thomas heißt, dann würdest du schreiben: „Thomas ist geduldig und gütig. Thomas eifert nicht . . .“ Denke anschließend darüber nach, welche dieser Aussagen am wenigsten auf dich zutrifft. Schreibe danach deine Gedanken darüber auf, wie du dir wünschen würdest, dass Gott dir in diesem Bereich hilft, dich zu verändern.

Persönlich erlebt

Nachdem du 1. Korinther 13, Verse 4 bis 7 mit deinem eigenen Namen abgeschrieben hast, lies den Text laut vor, und bitte Gott darum, dir dabei zu helfen, dies in deinem Leben umzusetzen.

6

EINHEIT

In der Gruppe

EINHEIT 6

Gruppe

Teil 1: Authentische Gemeinschaft erleben

1. Beschreibe den übrigen Teilnehmern der Gruppe, was für dich während der täglichen Impulse die wertvollste Erkenntnis war.

2. Beschreibe die für dich wertvollste praktische Aktivität.

3. Wie leicht fiel es dir, anderen in dieser Woche kleine Dienste zu erweisen? Wie reagierten die Leute?

4. Konntest du jemanden ermutigen, der auf deiner Liste steht?

5. Welche Fragen oder Bedenken haben die täglichen Impulse bei dir ausgelöst?

Vor ein paar Jahren fuhren ein paar Jungs aus der christlichen Jugendarbeit einer Schule zum Mountainbiken. Sie alle waren Outdoor-Freaks, die hart im Nehmen waren – je stärker ihre Führer sie forderten, desto mehr Spaß machte es ihnen. Sie trugen ihre eigene Ausrüstung, aßen Bohnen aus Blechschüsseln und wuschen sich in einem eisigen Fluss (falls sie sich überhaupt wuschen).

Sie schlugen ihr Lager auf fast 3 000 Metern Höhe auf und entschlossen sich zu einer Tagestour. Sie packten Wasser, Schokolade und Nüsse ein, und ein paar von ihnen auch ihre Schlafsäcke, falls sie eine Pause machen wollten. Die zehn Jungs und zwei Führer machten sich ins nächste Tal auf, um den vor ihnen gelegenen Gipfel auf annähernd 3 500 Metern Höhe zu erklimmen. Sie fuhren mühsam über grasige Senken und durch unübersichtliches Gelände. Aus dem Nichts zogen plötzlich Wolken auf und ein Sturm fegte über sie hinüber. Sie konnten ihren Weg nicht mehr erkennen. Die Führer berieten sich und kamen zu dem Schluss, dass sie sich noch mehr verfahren würden, wenn sie versuchten, zum Lager zurückzukehren. Sie wollten bleiben, wo sie waren, und warten, bis sich der Wind legte und die Sonne wieder hervorkam. Es gab nur ein Problem: Sie mussten die Nacht verbringen, wo sie waren, und nur zwei von ihnen hatten ihre Schlafsäcke dabei. Eine Nacht im Sturm auf einer Höhe von 3 500 Metern bedeutete aber Minustemperaturen. Wie sollten sie überleben?

Sie bildeten eine Rettungskette. Sie schauten alle in dieselbe Richtung und pressten ihren Körper an den der vor und hinter ihnen liegenden Person. Die beiden Jungs an den beiden Enden der Kette bekamen die Schlafsäcke, um die nach außen gewandte Seite zu schützen. Die Körperwärme der Gruppe, die sich quasi zu einem einzigen Mann machte, rettete alle vor der Auskühlung, wenn nicht gar vor dem Tod.

In den letzten beiden Einheiten haben wir uns mit dem zweiten G, dem geistlichen Wachstum, beschäftigt und gelernt, wie wichtig geistliches Training und Engagement für andere sind. Training und Dienst können manchmal wie ein riesiger Berg auf uns wirken. Aber die gute Nachricht lautet, dass Gott das Wachstum in uns erledigt. Und er hilft uns unter anderem dadurch, dass er uns gleichgesinnte Nachfolger Jesu an die Seite stellt, die uns ermutigen, uns zur Verbindlichkeit anhalten und uns auf unserem Weg weiterhelfen. Diese Weggefährten sind unsere Rettungskette, die uns im Glauben lebendig hält, so wie es die Mountainbiker am Berg erlebt haben.

1. Jesus ähnlicher zu werden funktioniert am besten im Kontext von Gemeinschaft (zum Beispiel in einer Kleingruppe). Haltet ihr diese Aussage für richtig? Warum oder warum nicht?

2. Zu welchen christlichen Gruppen habt ihr gehört bzw. mit welchen habt ihr Zeit verbracht (etwa eine Gruppe von Freunden, eine Jugendgruppe, ein Dienstteam, ein Missionseinsatz etc.)? Inwiefern haben euch diese Gruppen beeinflusst? Warum?

Gemeinsam gelesen

Lest gemeinsam Philipper 2, Verse 1 bis 4 und Epheser 4, Vers 16.

>> **Philipper 2,1–4**
„Bei euch gibt es doch das ermutigende Wort im Auftrag von Christus; es gibt den tröstenden Zuspruch, der aus der Liebe kommt; es gibt Gemeinschaft durch den Heiligen Geist; es gibt herzliches Erbarmen. Dann macht mich vollends glücklich und habt alle dieselbe Gesinnung, dieselbe Liebe und Eintracht! Verfolgt alle dasselbe Ziel! Handelt nicht aus Selbstsucht oder Eitelkeit! Seid bescheiden und achtet den Bruder oder die Schwester mehr als euch selbst. *Denkt nicht an euren eigenen Vorteil, sondern an den der anderen*, jeder und jede von euch!"

>> **Epheser 4,16**
„Von ihm [Christus] her wird der ganze Leib zu einer Einheit zusammengefügt und durch verbindende Glieder zusammengehalten und versorgt. Jeder einzelne Teil erfüllt seine Aufgabe und so wächst der ganze Leib und baut sich durch die Liebe auf."

Gemeinsam entdeckt

1. Wie oft stellt ihr die Bedürfnisse anderer Menschen über eure eigenen Bedürfnisse und geht einfühlsam und liebevoll auf sie ein? Kreist in der folgenden Skala die Ziffer ein, die euch am besten beschreibt.

1	2	3	4	5	6	7	8	9	10

Ich sehe nur meine eigenen Bedürfnisse.

Ich sehe die Bedürfnisse anderer, wenn sie mit mir darüber sprechen.

Ich sehe die Bedürfnisse anderer, ohne dass sie etwas sagen müssen.

2. Wenn ihr jemandem helft, der in Not ist, verändert sich dann eure Sicht von euren eigenen Bedürfnissen? Inwiefern? Warum fühlt es sich gut an, jemandem in Not zu helfen?

3. Im 4. Kapitel des Epheser-Briefes schreibt Paulus, dass wir uns nicht nur um unsere eigenen Bedürfnisse, sondern auch um die der anderen kümmern sollen. Wie sieht die gesunde Balance aus, zu der Paulus uns hier auffordert?

4. Was passiert in einer Gemeinschaft, wenn wir uns nur um unsere eigenen Bedürfnisse kümmern? Warum ist es so wichtig, ein Gleichgewicht zwischen der Erfüllung der Bedürfnisse anderer und unseren eigenen Bedürfnissen zu haben?

5. Wie würdet ihr das gegenseitige Interesse innerhalb eurer Gruppe einschätzen (niedrig, mittel, hoch)?

Gemeinsam erlebt

Setzt euch in Zweiergruppen zusammen und tauscht euch über einen Bereich aus, in dem ihr eure Gemeinschaft noch stärken könnt. Was könnte eure Gruppe tun, damit sich die einzelnen Teilnehmer noch besser kennen lernen? Vielleicht könntet ihr euch ein gemeinsames Dienstprojekt vornehmen? Vielleicht könntet ihr Philipper 2, Verse 1 bis 4 auswendig lernen und euch verpflichten, danach zu leben, wenn ihr als Gruppe zusammen seid. Betet für diesen konkreten Bereich füreinander.

Kommt wieder in der großen Gruppe zusammen und tauscht eure Ideen aus, wie ihr gemeinsam an eurer Gemeinschaft bauen könnt. Dankt Gott, dass er jeden als Teil in eure Gemeinschaft berufen hat und jeder eine besondere Rolle darin spielt. Betet auch dafür, dass eure Gruppe eine funktionierende Einheit bleibt und ein Ort wird, in dem geistliches Wachstum möglich ist.

EINHEIT 6

Impulse für den Alltag

EINHEIT 6
Gruppe

Teil 1: Authentische Gemeinschaft erleben

„Lean on me – verlass dich auf mich, wenn du schwach bist. Ich werde dein Freund sein, ich werde dir helfen, weiterzumachen." Dieser Text stammt aus einem Hit aus den 1970er Jahren. Damals liefen eine Menge Dinge falsch, aber dieser Hit betonte ganz richtig die Bedeutung der gegenseitigen Hilfsbereitschaft und der Zugehörigkeit zu einer Gruppe von Freunden. Aber die Zugehörigkeit zu einer Gruppe ist nicht dasselbe, wie authentische Gemeinschaft in Christus zu erleben. In dieser Einheit werden wir uns darauf konzentrieren, inwiefern authentische (echte oder vertrauenswürdige) Gemeinschaft (eine Gruppe von Menschen, die gemeinsam das Anliegen verfolgen, Jesus ähnlicher zu werden) das perfekte Umfeld bietet, um Wachstum und Gnade zu erleben.

I 1

Geben statt nehmen

Brandon war ein guter Sportler mit vielen Freunden. Es war ganz normal, dass er im Mittelpunkt von Gruppen stand und es schaffte, dass alle Menschen in seiner Nähe sein wollten. Schließlich drehten sich viele seiner Ziele um Dinge, die dazu beitrugen, die Aufmerksamkeit und Bewunderung anderer anzuziehen. Eines Tages wurde Brandon Zeuge, wie ein Jugendlicher von anderen drangsaliert wurde. „Ich weiß nicht, warum, aber plötzlich machte es bei mir irgendwie ‚Klick'. Plötzlich schienen meine ganzen Ziele, bei denen es darum ging, beliebt zu sein, nicht mehr so wichtig", sagt Brandon. Er griff ein und half dem Jungen, der schikaniert wurde. Es funktionierte. Die anderen ließen von ihm ab. Auch wenn ihn das, was er nun tat, in manchen Kreisen seine Beliebtheit kostete, wurde Brandon klar: „Ich musste in meinem Leben andere Prioritäten setzen." An jenem Tag gebrauchte Gott dieses Schikane-Erlebnis für Brandon als Gelegenheit, zu einem Menschen zu werden, der nicht nur nahm (und andere Menschen zu seinen Zwecken missbrauchte), sondern der gab (und anderen das zurückgab, was er hatte).

Persönlich gesehen

Markiere oder unterstreiche folgende Verse in deiner Bibel:

>> **Epheser 4,1–3**
„[Paulus schreibt:]
Nun bitte ich euch als einer,
der für den Herrn im Gefängnis ist:
*Lebt so, wie es sich für Menschen gehört,
die Gott in seine Gemeinde berufen hat.*
Erhebt euch nicht über andere, sondern seid
immer freundlich. *Habt Geduld und sucht in
Liebe miteinander auszukommen. Bemüht
euch darum, die Einheit zu bewahren,*
die der Geist Gottes euch geschenkt hat.
Der Frieden, der von Gott kommt,
soll euch alle miteinander
verbinden!"

>> **Epheser 6,7–8**
*„Tut eure Arbeit mit Lust und Liebe,
als Leute, die nicht Menschen dienen,
sondern dem Herrn.* Denkt daran:
Der Herr wird jeden für seine guten Taten belohnen,
gleichgültig, ob jemand Sklave ist oder frei."

>> **Apostelgeschichte 20,35**
„[Paulus sagt:] Überhaupt habe ich euch mit meiner
Lebensführung gezeigt, dass wir hart arbeiten müssen,
um auch den Bedürftigen etwas abgeben zu können.
Wir sollen uns immer an das erinnern, was Jesus,
der Herr, darüber gesagt hat. Von ihm stammt
das Wort: ‚*Auf dem Geben liegt mehr
Segen als auf dem Nehmen.*'"

1. Eine Berufung ist ein bestimmter Anspruch an unser Leben, wie Jesus durch seinen Tod am Kreuz Anspruch auf unser Leben hat. Was bedeutet es, so zu leben, „wie es sich für Menschen gehört, die Gott in seine Gemeinde berufen hat"? Inwiefern sollte uns unsere Berufung beeinflussen?

2. Warum sollen wir versuchen, „in Liebe miteinander auszukommen"?

3. Was meint Paulus, wenn er sagt, dass auf dem Geben mehr Segen liegt als auf dem Nehmen?

4. Wenn es darum geht, zu geben statt zu nehmen, wie würdest du dich einschätzen? Kreise auf der folgenden Skala die Ziffer ein, die dich am besten beschreibt.

Geben   **Nehmen**

| 1 | 2 | 3 | 4 | 5 | 6 | 7 | 8 | 9 | 10 |

Mein ist mein,
und dein
ist auch mein.

Dein ist dein,
und mein ist mein.

Mein ist dein.

Was kannst du ganz praktisch tun, um stärker die Erfahrung zu machen, ein Gebender zu sein – und weniger ein Nehmender?

Formuliere in den Freiraum auf der folgenden Seite in deinen eigenen Worten diesen Vers, wobei du die Worte „miteinander" durch den Namen einer Person ersetzt, die du mehr lieben möchtest: „Habt Geduld und sucht in Liebe miteinander auszukommen" (Epheser 4,2). Beispielsweise könntest du schreiben: „Habt Geduld mit Barbara und sucht in Liebe mit Barbara auszukommen." Formuliere dann ein Gebet, in dem du Gott darum bittest, geduldiger, vergebungsbereiter und liebevoller gegenüber dem Freund/der Freundin zu sein, dessen/deren Namen du in diesem Vers eingesetzt hast.

Persönlich erlebt

Schreibe in den folgenden Freiraum die Namen deiner besten Freunde oder der Mitglieder deiner Kleingruppe. Sprich jeden Namen laut aus, dann höre, ob der Heilige Geist dir zeigen möchte, wem du in dieser Woche dienen sollst, etwa indem du ihm eine Karte schreibst, eine E-Mail schickst, ihn zur Schule mitnimmst oder ihm bei einem bestimmten Projekt hilfst. Nimm dir vor, deine Ideen in dieser Woche umzusetzen.

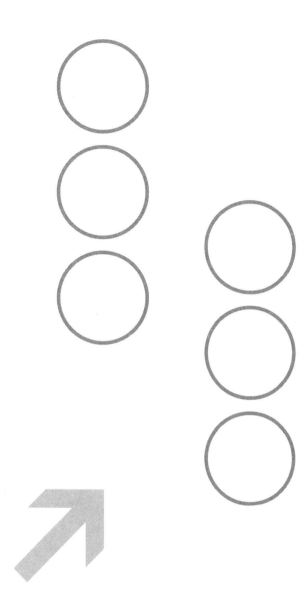

Das Geschenk eines Gebenden: ein Ohr, das zuhört

Hast du schon mal jemandem von einem Problem erzählt, nur um dann zu hören: „Das findest du schlimm? Du solltest erst mal hören, was mir passiert ist!" Es verletzt, wenn man das Gefühl bekommt, ein Freund denkt mehr an sich und seine Probleme, als sich die Zeit zu nehmen, dir wirklich zuzuhören. Einem anderen wirklich zuzuhören und wahrzunehmen, was er sagt, ist ein großes Geschenk.

Persönlich gesehen

Markiere oder unterstreiche in deiner Bibel die folgenden Verse:

>> **Matthäus 11,15**
„[Jesus sagt:] *Wer Ohren hat, soll gut zuhören!*"

>> **Jakobus 1,19**
„Denkt daran, liebe Brüder und Schwestern: *Jeder soll stets bereit sein zu hören, aber sich Zeit lassen, bevor er redet, und noch mehr, bevor er zornig wird.*"

Persönlich gefragt

1. Was meinte Jesus wohl mit „Wer Ohren hat"?

2. Wenn jemand mit dir spricht, hörst du dann wirklich, was er sagt, oder wartest du nur auf eine Gelegenheit, selbst zu reden? Warum?

3. Was meint Jakobus, wenn er sagt, dass jeder stets bereit sein soll zu hören? Wie würden andere deine Fähigkeit zuzuhören beurteilen?

4. Wie oft bist du ganz aufmerksam – und hörst konzentriert auf jedes Wort und auf das, was dein Gegenüber wirklich beschäftigt?

5. Wie oft merkst du, dass du das Gespräch so beeinflusst, das es sich wieder um dich dreht?

Persönlich nachgedacht

Nimm dir in dieser Woche vor, anderen zuzuhören. Das bedeutet, dass du deinem Gesprächspartner in die Augen schaust; lass deine Gedanken nicht abschweifen; unterbrich nicht; versuche, die sich dahinter verbergenden Gefühle zu verstehen; in einer Gesprächspause vermeide es, eine vorschnelle Antwort zu geben oder über dich zu sprechen.

Schreibe deine Beobachtungen auf. Versuche, deine eigenen Gefühle zu beobachten, während du zuhörst: Fiel es dir schwer, dem anderen in die Augen zu schauen? Hast du den anderen unterbrochen? Konntest du den Schmerz nachvollziehen? Inwiefern beeinflusste dich dieses Gespräch? Schreibe im folgenden Freiraum einen Brief an Gott und bitte ihn, dir die Fähigkeit zu schenken, im Gespräch mit anderen völlig aufmerksam zu sein.

Persönlich erlebt

Höre morgen einem Freund in der Schule wirklich zu. Bitte Gott, dir zu zeigen, was dieser Freund am meisten hören muss oder was du sagen oder lieber nicht sagen solltest.

Es ist ganz schön schwer zu vergeben

Menschen verletzen einander. In Gemeinschaft leben zu können bedeutet, dass wir einen Weg finden müssen, mit diesen Verletzungen und den Gefühlen, die sie in uns auslösen, umzugehen. Jesus zeigt uns, wie das funktionieren kann. Er möchte nicht nur, dass wir vergeben (uns dafür entscheiden, keine Wiedergutmachung oder Gerechtigkeit für das zu fordern, was uns angetan wurde), sondern er möchte sogar, dass wir uns versöhnen (damit das Unrecht vergeben ist und du dem anderen nur das Beste wünschst). Ein Unrecht zu vergeben bedeutet, die Wut im Bauch aufzugeben und den Wunsch loszulassen, es dem anderen heimzuzahlen. Es geht darum, eine Beziehung wieder so herzustellen, dass du diese Wut nicht mehr spürst, wenn du den anderen zu Hause, in der Schule oder in der Gemeinde siehst. Ihr könnt wieder Freunde sein. Das ist der Unterschied zwischen Vergebung und Versöhnung. Gott fordert uns dazu auf, einander zu vergeben, aber er erwartet auch, dass wir den nächsten Schritt gehen und uns um Versöhnung bemühen. Versöhnung ist entscheidend für die Aufrechterhaltung echter Gemeinschaft.

Persönlich gesehen

Markiere oder unterstreiche in deiner Bibel diese Verse:

>> Matthäus 18,21–35

„Da wandte sich Petrus an Jesus und fragte ihn: ‚Herr, wenn mein Bruder oder meine Schwester an mir schuldig wird, wie oft muss ich ihnen verzeihen? Siebenmal?'

Jesus antwortete: ‚Nein, nicht siebenmal, sondern siebzigmal siebenmal!' Jesus fuhr fort: ‚Macht euch klar, was es bedeutet, dass Gott angefangen hat, seine Herrschaft aufzurichten!

Er handelt dabei wie jener König, der mit den Verwaltern seiner Güter abrechnen wollte. Gleich zu Beginn brachte man ihm einen Mann, der ihm einen Millionenbetrag schuldete.

Da er nicht zahlen konnte, befahl der Herr, ihn zu verkaufen, auch seine Frau und seine Kinder und seinen ganzen Besitz, und den Erlös für die Tilgung der Schulden zu verwenden.

Aber der Schuldner warf sich vor ihm nieder und bat: »Hab doch Geduld mit mir! Ich will dir ja alles zurückzahlen.« Da bekam der Herr Mitleid; er gab ihn frei und erließ ihm auch noch die ganze Schuld.'"

„‚Kaum draußen, traf dieser Mann auf einen Kollegen, der ihm einen geringen Betrag schuldete. Den packte er an der Kehle, würgte ihn und sagte: »Gib zurück, was du mir schuldest!« Der Schuldner fiel auf die Knie und bettelte: »Hab Geduld mit mir! Ich will es dir ja zurückgeben!« Aber sein Gläubiger wollte nichts davon hören, sondern ließ ihn ins Gefängnis werfen, bis er die Schuld beglichen hätte. Als das seine anderen Kollegen sahen, konnten sie es nicht fassen. Sie liefen zu ihrem Herrn und erzählten ihm, was geschehen war. Er ließ den Mann kommen und sagte: »Was bist du für ein böser Mensch! Ich habe dir die ganze Schuld erlassen, weil du mich darum gebeten hast. Hättest du nicht auch Erbarmen haben können mit deinem Kollegen, so wie ich es mit dir gehabt habe?« Dann übergab er ihn voller Zorn den Folterknechten zur Bestrafung, bis er die ganze Schuld zurückgezahlt haben würde. So wird euch mein Vater im Himmel auch behandeln, wenn ihr eurem Bruder oder eurer Schwester nicht von Herzen verzeiht.'"

1. Was sagt Jesus über die Grenzen der Vergebung?

2. Warum war der König am Ende so wütend über seinen Schuldner? Inwiefern gleichen wir diesem Schuldner, wenn wir einem anderen Menschen nicht vergeben wollen?

3. Wem musst du noch vergeben? Hat schon Versöhnung stattgefunden (hat die Beziehung einen Punkt erreicht, an dem du nur das Beste für den anderen möchtest)?

4. Wen musst du um Vergebung bitten?

5. Kannst du die Reaktion der anderen Person schon absehen? Signalisiert dir ihre Reaktion, ob du um Vergebung bitten kannst oder nicht? Was ist wichtiger: ihre Reaktion oder deine Vergebung beziehungsweise deine Bitte um Vergebung?

Persönlich nachgedacht

Bitte Gott, dir die richtigen Worte und die richtige Einstellung zu schenken, wenn du jemanden um Vergebung bittest, den du verletzt hast. Wenn es dabei um eine Situation geht, in der du nur 5 % Schuld hast und der andere 95 % Schuld, dann musst du den anderen für deinen Anteil an der Situation trotzdem um Vergebung bitten. Notiere in dem folgenden Leeraum die Worte, die Gott dir gibt.

Persönlich erlebt

Beschreibe im Computer oder auf einem Blatt Papier eine Situation, in der dich jemand verletzt hat. Schreibe nicht nur über das Unrecht, das du erfahren hast, sondern auch darüber, wie es sich für dich in der betreffenden Situation angefühlt hat und wie es sich jetzt für dich anfühlt. Denke daran, dass Gott dir vergeben hat, und bitte ihn, dir dabei zu helfen, dieser Person zu vergeben. Schreibe nun in Großbuchstaben: „ICH VERGEBE DIR." Bitte Gott, dir zu helfen, dieser Person zu vergeben. Wenn du deinen Text am Computer geschrieben hast, lösche die Datei; wenn du auf Papier geschrieben hast, zerreiße es. Überlege dir, ob Gott dich dazu auffordert, der anderen Person zu schreiben, sie anzurufen oder ihr eine E-Mail zu schicken und ihr mitzuteilen, dass du ihr vergeben hast. Oder bitte Gott um die Gelegenheit, diese Person persönlich zu treffen, damit du es ihr direkt sagen kannst.

I 4 Radikale Liebe

Jesus geriet oft in Schwierigkeiten, weil er sich mit den vermeintlich falschen Leuten einließ. Er hatte Umgang mit Prostituierten, mit korrupten Regierungsbeamten (Steuereinnehmern), mit Kranken und Behinderten. Die angeseheneren Bürger konnten nicht verstehen, warum Jesus seine Maßstäbe so niedrig ansetzte. Wusste er denn nicht, wer diese Leute waren? Jesus schien jedoch zu sagen: „Wenn ihr Gott wirklich kennen lernen wollt, müsst ihr verstehen, dass Gott alle Menschen wichtig sind. Im Reich Gottes gibt es keine unwichtigen Menschen."

Persönlich gesehen

Markiere oder unterstreiche die folgenden Verse in deiner Bibel:

Persönlich gefragt

1. Wie liebt Jesus andere Menschen? Was bedeutet es also für uns, wenn wir andere Menschen lieben und uns um sie kümmern sollen?

>> Johannes 13,34–35
„[Jesus sagt:] ‚Ich gebe euch jetzt ein neues Gebot: Ihr sollt einander lieben! Genauso wie ich euch geliebt habe, sollt ihr einander lieben! *An eurer Liebe zueinander werden alle erkennen, dass ihr meine Jünger seid.*'"

>> Römer 15,6–7
„Dann werdet ihr alle einmütig und wie aus einem Mund den Gott und Vater unseres Herrn Jesus Christus preisen. *Lasst einander also gelten und nehmt euch gegenseitig an, so wie Christus euch angenommen hat.* Das dient zum Ruhm und zur Ehre Gottes."

2. Warum sollen Nachfolger Jesu wohl daran erkannt werden, dass sie einander lieben?

3. Was bedeutet es, jemanden anzunehmen? Was bedeutet es für Jesus, jemanden anzunehmen (einschließlich dir)?

4. Inwiefern macht es Gott glücklich, wenn wir uns um Einheit bemühen und einander annehmen?

5. Wenn du diese Verse auf dein Leben anwendest: Wie würde es die Art und Weise verändern, wie du mit anderen Menschen umgehst?

(Persönlich nachgedacht)

Wen musst du in deiner Gemeinschaft akzeptieren, um „einmütig und wie aus einem Mund den Gott und Vater unseres Herrn Jesus Christus preisen" zu können? Schreibe im folgenden Freiraum auf, was es für dich so schwer macht, diese Person anzunehmen. Dann bitte Gott darum, dir dabei zu helfen, diese Person so zu sehen, wie er sie sieht, und dir dein Herz zu öffnen, damit du sie annehmen kannst. Formuliere ein kurzes Gebet, in dem du ihn bittest, dir ein Herz zu schenken, das wie seines ist.

(Persönlich erlebt)

Überlege, wie du in der Gruppe von Freunden Einheit stiften kannst, mit denen du in der Schule zusammen bist, in deiner Kleingruppe oder mit der Person, bei der es dir wirklich schwer fällt, sie anzunehmen. Schreibe deine Antworten auf die beiden folgenden Aussagen auf:

„Das kann ich tun oder sagen, um Einheit zu stiften:"

„Das kann ich aufhören zu tun oder zu sagen, um Einheit zu stiften:"

Bitte Gott, dir die Gelegenheit und die richtige Einstellung zu geben, die Ideen umzusetzen, die du hier aufgeschrieben hast.

Die Wahrheit in Liebe aussprechen

In Gemeinschaft zu leben bedeutet manchmal, Freunden unangenehme Dinge zu sagen, die sie aber hören müssen. Oft wissen wir, dass unsere Freunde nicht so leben, dass sie Gott mit ihrem Lebensstil Ehre machen. Dann müssen wir die Wahrheit in Liebe aussprechen. Das bedeutet, dass wir ein liebevolles Herz brauchen und bereit sein müssen, die Initiative zu ergreifen, selbst wenn es unbequem ist. Wir müssen die Privatsphäre des anderen wahren und keine Gerüchte verbreiten, die jemanden verletzen können. Es bedeutet auch, dem Schmerz und der Angst standzuhalten, die es mit sich bringt, wenn man auf eine andere Person zugeht und ihr die Wahrheit in Liebe sagt.

Persönlich gesehen

Markiere oder unterstreiche diese Verse in deiner Bibel. Umrahme im zweiten Bibeltext drei Worte, die die Liebe beschreiben, an der du noch arbeiten musst.

>> Matthäus 18,15–16

„[Jesus sagt:] *Wenn dein Bruder – und das gilt entsprechend für die Schwester – ein Unrecht begangen hat, dann geh hin und stell ihn unter vier Augen zur Rede.* Wenn er mit sich reden lässt, hast du ihn zurückgewonnen. Wenn er aber nicht auf dich hört, dann geh wieder hin, diesmal *mit ein oder zwei anderen*; denn jede Sache soll ja auf Grund der Aussagen von zwei oder drei Zeugen entschieden werden.'"

>> 1. Korinther 13,4–7

„Die Liebe ist geduldig und gütig. Die Liebe eifert nicht für den eigenen Standpunkt, sie prahlt nicht und spielt sich nicht auf. Die Liebe nimmt sich keine Freiheiten heraus, sie sucht nicht den eigenen Vorteil. Sie lässt sich nicht zum Zorn reizen und trägt das Böse nicht nach. Sie ist nicht schadenfroh, wenn anderen Unrecht geschieht, sondern freut sich mit, wenn jemand das Rechte tut. *Die Liebe gibt nie jemand auf, in jeder Lage vertraut und hofft sie für andere; alles erträgt sie mit großer Geduld.*"

Persönlich gefragt

1. Vor dem Hintergrund der Aussage in Matthäus 18, Verse 15 bis 16: Was sollten wir tun, wenn jemand sich uns gegenüber falsch verhält?

2. Warum ist es wichtig, in einem persönlichen Rahmen mit anderen zu sprechen? Welche Reaktionen erwartest du von der Person, die sich dir gegenüber falsch verhalten hat?

3. Wie sieht in Anlehnung an Paulus' Beschreibung der Liebe die liebevolle Reaktion aus, wenn dir jemand Unrecht getan hat?

4. Was bedeutet es, „nicht nachtragend" zu sein?

Persönlich nachgedacht

Beschäftigt sich einer deiner christlichen Freunde mit Dingen, die nicht in Ordnung sind? Hast du etwas gesagt, um ihm zu zeigen, dass du dir um ihn Gedanken machst und dass das, was er tut, falsch ist? Schreibe hier seinen Namen in Großbuchstaben auf und bitte Gott, dir die richtigen Worte und den Mut zu schenken, die Wahrheit in Liebe auszusprechen. Schreibe hier auch die Dinge auf, die du sagen solltest.

Persönlich erlebt

Bete nun noch einmal für die Person, an die du gerade gedacht hast. Bitte Gott um klare Richtungsweisung, ob du diese Person ansprechen sollst oder nicht. Werde ruhig und höre auf Gott. Setze dann um, was du von Gott hörst. Wenn du nichts hörst oder dir nicht sicher bist, dann bitte Gott auch heute wieder, dir zu sagen, was du tun sollst. Denke daran: Nur echte Freunde sprechen die Wahrheit in Liebe aus.

EINHEIT

In der Gruppe

EINHEIT 7

Gruppe

Teil 2: Liebe empfangen

1. Beschreibe den übrigen Teilnehmern der Gruppe, was für dich während der täglichen Impulse die wertvollste Erkenntnis war.

2. Beschreibe die für dich wertvollste praktische Aktivität.

3. Bei welchen Gelegenheiten hast du in der vergangenen Woche anderen wirklich zugehört? Anderen vergeben?

4. Welche Fragen oder Bedenken haben die täglichen Impulse bei dir ausgelöst?

Als ich Christ wurde, fragte mich meine Freundin, die mich in die Gemeinde eingeladen hatte, ob ich mit in ihre Kleingruppe kommen wolle. Ich beschloss, es einfach mal auszuprobieren. Der Gedanke, anderen etwas über mich selbst zu erzählen, machte mir etwas Angst. Ich hatte keine Ahnung, was es wirklich bedeutete, zu einer Kleingruppe zu gehören, aber was ich dort erlebte, war unglaublich! Die Teilnehmer meiner Gruppe wurden bald zu meinen besten Freundinnen, und heute, vier Jahre später, sind sie es immer noch! Ich fühlte mich in unserer Kleingruppe so wohl und sicher, dass ich dort über meine Probleme sprechen kann, und alle nehmen so viel Anteil an meinem Leben, dass sie mich durch alle möglichen Probleme hindurchtragen. Ich habe das Gefühl, dass wir unser Leben gemeinsam leben und aufeinander zählen können. Ich bin so dankbar, dass ich diese Gemeinschaft erleben darf, weil ich heute weiß, wie enge Beziehungen wirklich aussehen können.

Alexa, 18

1. Habt ihr schon einmal erlebt, dass euch jemand etwas Gutes getan oder euch etwas gegeben hat, das dazu geführt hat, dass ihr euch „unwürdig" vorkamt? Warum habt ihr euch so gefühlt?

2. Hat sich schon mal jemand für euch eingesetzt, als ihr in einer schwierigen Situation wart? Wie habt ihr darauf reagiert?

Gemeinsam gelesen

Lest gemeinsam Johannes 8, Verse 3 bis 11.

> **>> Johannes 8,3–11**
> „Da führten die Gesetzeslehrer und Pharisäer eine Frau herbei, die beim Ehebruch ertappt worden war. Sie stellten sie in die Mitte und sagten zu Jesus: ‚Lehrer, diese Frau wurde ertappt, als sie gerade Ehebruch beging. Im Gesetz schreibt Mose uns vor, dass eine solche Frau gesteinigt werden muss. Was sagst du dazu?' Mit dieser Frage wollten sie ihm eine Falle stellen, um ihn anklagen zu können. Aber Jesus bückte sich nur und schrieb mit dem Finger auf die Erde."

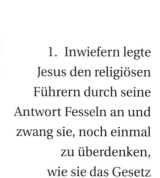

„Als sie nicht aufhörten zu fragen, richtete er sich auf und sagte zu ihnen: ‚Wer von euch noch nie eine Sünde begangen hat, soll den ersten Stein auf sie werfen!' Dann bückte er sich wieder und schrieb auf die Erde. Als sie das hörten, zog sich einer nach dem andern zurück; die Älteren gingen zuerst. Zuletzt war Jesus allein mit der Frau, die immer noch dort stand. Er richtete sich wieder auf und fragte sie: ‚Frau, wo sind sie geblieben? Ist keiner mehr da, um dich zu verurteilen?' ‚Keiner, Herr', antwortete sie. Da sagte Jesus: ‚Ich verurteile dich auch nicht. Du kannst gehen; aber tu diese Sünde nicht mehr!'"

Stellt euch vor, ihr würdet zu der Menge gehören, die zuschaute, wie die religiösen Führer diese Frau zu Jesus brachten und von ihm forderten, sie zu verurteilen.

1. Inwiefern legte Jesus den religiösen Führern durch seine Antwort Fesseln an und zwang sie, noch einmal zu überdenken, wie sie das Gesetz verstanden und wie sie diese Frau behandelten?

2. Legt Jesu Antwort an die Frau nahe, dass es in Ordnung ist zu sündigen, weil er immer vergeben wird?

3. Wie fühlte sich die Frau wohl, als sich die Menschenmenge zurückzog? Und wie, als Jesus mit ihr redete?

4. Stellt euch vor, Jesus würde euch fragen: „Wo sind sie geblieben? Ist keiner mehr da, um dich zu verurteilen?" Wie würdet ihr euch fühlen? Stellt euch vor, Jesus würde zu euch sagen: „Du kannst gehen; aber tu diese Sünde nicht mehr!" Wie würdet ihr reagieren?

5. Was lässt aus der Reaktion der Frau darauf schließen, dass sie annahm, was Jesus ihr anbot?

Sprecht darüber, warum es manchmal so schwer ist, Liebe anzunehmen.

Zeit für Gemeinschaft

Sucht euch einen Partner und betet füreinander. Bittet Gott, euch zu helfen, Jesus ähnlicher zu werden, indem ihr Menschen in Not Gnade zeigen könnt, aber auch indem ihr wie diese Frau Gnade annehmen und Jesu Vollmacht anerkennen könnt, euch Sünde zu vergeben. So seid ihr dann befreit und müsst diese Sache(n) in Zukunft nicht mehr machen.

Teil 2: Liebe empfangen

In der letzten Einheit haben wir uns damit beschäftigt, was es bedeutet, authentische Gemeinschaft zu erleben, und hier vor allem, wie man zu einem gebenden Menschen wird. Aber das ist nur die eine Seite echter Gemeinschaft. Tatsächlich ist es häufig einfach, etwas zu geben. Die andere Seite fällt uns oft schwerer, nämlich Segen von einem anderen Menschen anzunehmen. In dieser Einheit konzentrieren wir uns deshalb darauf, wie wichtig es ist, demütig genug zu sein, um anderen zuzugestehen, uns etwas zu geben, und diesen Segen voller Dankbarkeit anzunehmen.

Niemand ist alleine

Meine Eltern ließen sich scheiden, als ich noch ein Kind war, und ich wuchs bei meinem Vater auf. Meine Mutter neigte leider sehr häufig dazu, meinen Geburtstag zu vergessen.

Mein 16. Geburtstag war für mich wirklich wichtig. Ich wachte an jenem Morgen auf, und obwohl mein Vater sich wirklich bemühte, diesen Tag zu einem ganz besonderen Tag zu machen, wünschte ich mir nichts so sehr wie einen Anruf meiner Mutter. Ich wartete den ganzen Tag darauf, aber sie rief nicht an. Als ich dann abends in meine Kleingruppe ging, war ich ziemlich traurig. Ich kam dorthin und wurde völlig überrascht. Sie hatten alle an meinen Geburtstag gedacht und veranstalteten eine Überraschungsparty für mich. Sie hatten Luftballons besorgt, einen Kuchen gebacken und sich wirklich alle Mühe gegeben. Diese Mädels konnten nicht wissen, wie wichtig mir mein Geburtstag war, aber sie machten ihn zum schönsten Geburtstag meines Lebens.

Brittany, 16

Persönlich gesehen

Markiere oder unterstreiche die folgenden Verse in deiner Bibel:

>> Prediger 4,9–12
„Zwei sind allemal besser dran als einer allein. Wenn zwei zusammenarbeiten, bringen sie es eher zu etwas. Wenn zwei unterwegs sind und hinfallen, dann helfen sie einander wieder auf die Beine. Aber wer allein geht und hinfällt, ist übel dran, weil niemand ihm helfen kann. Wenn zwei beieinander schlafen, können sie sich gegenseitig wärmen. Aber wie soll einer allein sich warm halten? Ein einzelner Mensch kann leicht überwältigt werden, aber zwei wehren den Überfall ab. Noch besser sind drei; es heißt ja: ‚Ein Seil aus drei Schnüren reißt nicht so schnell.'"

>> Psalm 142,7
„Höre mein Schreien, ich bin mit meiner Kraft am Ende! Rette mich vor meinen Verfolgern, sie sind zu stark für mich!"

Persönlich gefragt

1. Der Verfasser des Buches Prediger schreibt, dass zwei besser dran sind als einer alleine, denn wenn einer fällt, kann der andere ihm wieder auf die Beine helfen. Hast du das in deinem Leben schon einmal erlebt? Warum oder warum nicht?

2. Wann hast du dich zum letzten Mal so gefühlt wie die Person in Psalm 142, Vers 7 – völlig verzweifelt und ganz alleine? An wen hast du dich gewendet? Wer war in dieser Situation für dich da? Inwiefern hat diese Erfahrung dein Leben beeinflusst?

3. Wenn du Hilfe brauchst, versuchst du dann, alles alleine zu bewältigen, oder kannst du andere um Hilfe bitten? Kreise auf der folgenden Skala die Ziffer ein, die deine Antwort am besten beschreibt.

1	2	3	4	5	6	7	8	9	10

Ich erzähle niemandem etwas.

Ich werde still und traurig.

Ich bitte andere um Hilfe und Gebet.

4. Warum warnt uns das Wort Gottes vor dem Versuch, alles alleine machen zu wollen?

Persönlich nachgedacht

Denke an die Menschen in deinem Leben, die für dich da sind, wenn du in Not bist. Schreibe ihre Namen hier auf und beschreibe, warum sie für dich so wichtig sind. Bitte Gott, sie zu schützen und zu segnen. Bete für jeden Einzelnen. Wenn dir niemand einfällt, bitte Gott, dir jemanden zu schenken, auf den du dich verlassen kannst.

Persönlich erlebt

Binde dir ein geflochtenes Band oder eine Schnur um dein Handgelenk oder deinen Knöchel (am besten wäre ein aus drei verschiedenen Farben geflochtenes Band) – wie es in Prediger 4, Vers 12 erwähnt wird –, um dich an die Bedeutung von Gemeinschaft zu erinnern. Erzähle ein paar engen Freunden, wie dankbar du dafür bist, dass sie Teil deines Lebens sind und dass du weißt, dass sie in schwierigen Zeiten für dich da sein werden.

Öffne dich für andere

Jeder von uns hat Angst, dass jemand, der uns wirklich kennt, uns nicht mehr lieben würde. Aber Gott hat sich unser Leben anders vorgestellt. Er möchte nicht, dass wir unsere Ängste oder Schwächen verbergen. Zu einer vertrauenswürdigen Gemeinschaft zu gehören bedeutet auch, bereit zu sein, unseren Freunden gegenüber in Bezug auf unsere Ängste, unsere Schwächen und unsere Probleme mit Sünde ehrlich zu sein.

Persönlich gesehen

Markiere oder unterstreiche diese Verse in deiner Bibel. Kreise jedes „du" ein und unterstreiche die nachfolgenden Wörter doppelt.

>> Psalm 139,1–4

„Herr, du durchschaust mich, du kennst mich bis auf den Grund. Ob ich sitze oder stehe, du weißt es, du kennst meine Pläne von ferne. Ob ich tätig bin oder ausruhe, du siehst mich; jeder Schritt, den ich mache, ist dir bekannt. Noch ehe ein Wort auf meine Zunge kommt, hast du, Herr, es schon gehört."

>> Jakobus 5,16

„Überhaupt sollt ihr einander eure Verfehlungen bekennen und füreinander beten, damit ihr geheilt werdet. Das inständige Gebet eines Menschen, der so lebt, wie Gott es verlangt, kann viel bewirken."

Persönlich gefragt

1. Wie fühlst du dich, wenn du dir bewusst machst, dass Gott alles über dich weiß? Beeinflusst dich dieses Wissen, wenn es darum geht, anderen Menschen einen Einblick in dein Innerstes zu geben? Warum?

2. Was denkst du: Warum ist es so wichtig, uns gegenseitig unsere Sünden zu bekennen, obwohl Gott alles über uns weiß und uns vergibt?

Zum Schuldbekenntnis gehört auch, dass du die Wahrheit über dein Leben zugibst – sowohl positive als auch negative Dinge –, und zwar gegenüber Gott, gegenüber dir selbst und in angemessener Form auch gegenüber anderen Menschen. Kreise auf den drei folgenden Skalen die Ziffer ein, die am besten beschreibt, wo du stehst, wenn es um ehrliches Schuldbekenntnis geht.

Schuldbekenntnis gegenüber mir selbst

1	2	3	4	5	6	7	8	9	10

Leugnung – ich ziehe es vor, nicht über meine Sünden nachzudenken.

Meine Sünden stören mich.

Ich bin mir meiner Sünden voll und ganz bewusst.

Schuldbekenntnis gegenüber Gott

1	2	3	4	5	6	7	8	9	10

Gott weiß sowieso schon alles, warum soll ich es ihm also erzählen?

Ich flüstere ab und zu: „Tut mir Leid."

Ich bekenne Gott meine Sünden eine nach der anderen.

Schuldbekenntnis gegenüber anderen Menschen

1	2	3	4	5	6	7	8	9	10

Das geht niemanden etwas an.

Ich erzähle anderen nur einen Teil der Geschichte, da es mir schwer fällt, anderen zu vertrauen.

Ich erzähle die ganze Wahrheit.

Überlege dir auf der Grundlage deiner Antworten, was es dich kosten würde, dich auf jeder Skala weiter nach oben zu bewegen. Mache auf jeder Skala ein Kreuz an der Stelle, die du gerne erreichen würdest. Bitte Gott, dir dabei zu helfen, Liebe anzunehmen.

Schreibe einem Freund, dem du vertraust, eine E-Mail oder rufe ihn an und bitte ihn um Gebet für ein Problem, eine Sünde oder eine Schwäche, mit der du gerade kämpfst. Sage ihm, wie dankbar du ihm bist, dass er für dich da ist. Denke daran, dass Gott sich wünscht, dass du Gemeinschaft mit anderen hast.

Versteckspiel

Zu meinen Lieblingserinnerungen aus meiner Kindheit gehört das Versteckspielen im Dunklen. Eine ganze Bande von uns rannte in verschiedene Richtungen davon und versteckte sich hinter Autos oder Baumstämmen. Aber am meisten Spaß machte es, in der Dunkelheit zu warten und zu wissen, dass „es" irgendwo da draußen lauerte und versuchte, mich zu finden. Wenn ich gefunden wurde, spürte ich gleichermaßen Bedauern und Erleichterung, weil es mir ziemliche Angst machte, alleine in der Dunkelheit zu sein, und weil es tröstlich war zu wissen, dass mich jemand gefunden hatte.

Jay, 17

Persönlich gesehen

Markiere oder unterstreiche die folgenden Verse in deiner Bibel. Kreise all die unwahrscheinlichen Orte ein, an denen Gott ist.

Persönlich gefragt

1. Wie fühlst du dich, wenn du dir bewusst machst, dass du dich vor Gott nicht verstecken kannst? Fühlst du dich dadurch sicherer oder macht es dir eher Angst? Warum?

> **>> Psalm 139,7–12**
> *„Wohin kann ich gehen, um dir zu entrinnen, wohin fliehen, damit du mich nicht siehst?* Steige ich hinauf in den Himmel – du bist da. Verstecke ich mich in der Totenwelt – dort bist du auch. Fliege ich dorthin, wo die Sonne aufgeht, oder zum Ende des Meeres, wo sie versinkt: Auch dort wird deine Hand nach mir greifen, auch dort lässt du mich nicht los. Sage ich: ‚Finsternis soll mich bedecken, rings um mich werde es Nacht', so hilft mir das nichts; denn auch die Finsternis ist für dich nicht dunkel und die Nacht ist so hell wie der Tag."

2. Warum verstecken wir uns deiner Ansicht nach vor anderen?

3. Welche Vorteile hat es, „gefunden zu werden", wenn die Wahrheit über uns ans Licht kommt?

4. Was denken andere Leute von dir, das sie lieber nicht denken sollten, wenn es nach dir ginge?

Persönlich nachgedacht

Schau dir noch einmal an, was du in Psalm 139 eingekringelt hast. Denke darüber nach, was es für Gott bedeutet, alles zu wissen, was du tust, und bei dir zu sein, egal, wo du bist. Überlege dir, was in deinem Leben die entsprechenden Orte sind, an die du dich flüchtest, an denen Gott aber schon ist. Wenn du beispielsweise traurig oder alleine bist, wenn du Angst hast, wenn du mit Freunden zusammen und fröhlich bist, wenn du mit deinem Freund oder deiner Freundin alleine bist (falls du einen Freund oder eine Freundin hast). Bitte Gott dann, dir dabei zu helfen, dich nicht vor den Menschen zu verstecken, die dir nahe stehen – gute Freunde, dein Jugendleiter, deine Familie. Schreibe hier die Namen all der Menschen auf, denen du mehr von dir erzählen willst, und bete dann für Gelegenheiten, bei denen du dich ihnen in der kommenden Woche mehr öffnen kannst.

Persönlich erlebt

Balle deine Hände zu Fäusten. Die eine Hand soll Gott darstellen, die andere deine Freunde. Schließe deine Augen und bete und stelle dir bildlich vor, dass du im Leben völlig alleine dastehst. Dann öffne langsam eine Hand. Damit symbolisierst du, dass du nie alleine bist, sondern Gott immer bei dir ist. Danke Gott dafür, dass du nie alleine bist. Dann öffne langsam die andere Hand. Damit sagst du, dass du dich anderen Menschen öffnen willst. Danke Gott dafür, dass er andere Menschen in dein Leben gestellt hat. Sprich die Namen von einigen Freunden oder Jugendleitern aus, denen du wichtig bist.

Gemeinschaftskiller

Es kann manchmal auch ziemlich schmerzhaft sein, wenn andere Anteil an unserem Leben nehmen. Wie uns aber eine bitter schmeckende Medizin wieder gesund machen kann, so kann es uns auch helfen, geistlich zu wachsen, wenn wir mit Dingen konfrontiert werden, die wir entweder nicht sehen oder nicht hören wollen. Wenn wir nicht bereit sind, von den Menschen, die Gott in unser Leben gestellt hat, Korrektur anzunehmen, zerbricht echte Gemeinschaft.

Persönlich gesehen

Markiere oder unterstreiche die folgenden Verse in deiner Bibel:

Persönlich gefragt

1. Was bedeutet „Eisen wird mit Eisen geschärft"? Was bedeutet es für einen Freund, wenn er dich „schärft"?

2. Inwiefern zeigt dir ein Tadel von einem Freund, dass ihm wirklich was an dir liegt?

>> **Sprichwörter 27,17**
„Eisen wird mit Eisen geschärft und ein Mensch bekommt seinen Schliff durch Umgang mit anderen."

>> **Sprichwörter 27,5**
„Liebe, die offen tadelt, ist besser als eine, die ängstlich schweigt."

>> **Epheser 4,15**
„Stattdessen wollen wir die Wahrheit in Liebe leben und zu Christus hinwachsen, dem Haupt der Gemeinde."
(Hoffnung für alle)

>> **Hebräer 12,11**
„In dem Augenblick, in dem wir gestraft werden, bereitet uns das nicht Freude, sondern Schmerz. Aber später bringt es denen, die durch diese Schule gegangen sind, als Frucht Frieden und die Annahme bei Gott."

3. Wie hast du dich gefühlt, wenn dich ein Freund (angemessen) zurechtgewiesen hat?

4. Hat dich schon mal ein Freund kritisiert – und die Kritik war nicht angemessen? Wie hast du dich dabei gefühlt?

5. Was sollte das Ergebnis einer Zurechtweisung sein?

Persönlich nachgedacht

Wann hat dir zum letzten Mal jemand eine unangenehme Wahrheit über dich selbst gesagt? Hast du es als eine Geste der Liebe betrachten und erkennen können, dass dem anderen wirklich was an dir liegt? Warst du dafür offen? Oder wurdest du wütend? Nimm dir einen Augenblick Zeit, und bitte Gott darum, dir zu helfen, für Korrektur offen zu sein. Schreibe hier die Namen der Menschen auf, denen du genug vertraust, um von ihnen eine Herausforderung oder Korrektur anzunehmen. Danke Gott wieder für die Menschen, die er in dein Leben gestellt hat, um dir zu helfen, ihm ähnlicher zu werden.

Persönlich erlebt

Schicke Sprichwörter 27, Vers 17 per E-Mail an ein paar gute Freunde, die dir helfen, dich zu „schärfen". Sende ihnen eine kurze Nachricht, in der du ihnen dafür dankst, dass sie dir so gute Freunde sind, und ermutige sie, dich weiterhin mit der Wahrheit herauszufordern. Wenn du so etwas bisher noch nicht erlebt hast, dann kannst du ein paar deiner guten Freunde bitten, die Wahrheit in dein Leben hineinzusprechen, damit du Dinge ändern kannst.

Die richtigen Erwartungen mitbringen

Deine Kleingruppe ist ein idealer Ort für Lebensveränderung und geistliches Wachstum. Aber deine Gruppe kann nicht alle deine Bedürfnisse erfüllen und wird dich auch manchmal enttäuschen. Wie du ein Mensch mit Schwächen und Problemen bist, so gilt das auch für jeden anderen in der Gruppe. Es wäre zu viel verlangt, wenn du davon ausgehst, dass jeder in der Gruppe ein guter Freund werden wird. Aber das bedeutet nicht, dass du nicht authentische Gemeinschaft erwarten und den anderen die Liebe Jesu zeigen kannst. Es ist sehr herausfordernd, zu so einer Gruppe zu gehören. Aber der Lohn ist groß: Deine Liebe zu Jesus und zu anderen Menschen wird wachsen.

Persönlich gesehen

Markiere oder unterstreiche die folgenden Verse in deiner Bibel:

>> Römer 3,23
„Alle sind schuldig geworden und haben den Anteil an Gottes Herrlichkeit verloren."

>> Psalm 107,1
„Dankt dem Herrn, denn er ist gut zu uns, seine Liebe hört niemals auf!"

Persönlich gefragt

1. Woran erinnert uns der Vers aus dem Römer-Brief in Bezug auf alle Menschen (einschließlich dir selbst)?

2. Inwiefern bleiben dadurch unsere Erwartungen an andere Menschen realistisch?

3. Was bedeutet es, dass Gottes Liebe „niemals aufhört"? Inwiefern hast du erlebt, dass Gottes Liebe vertrauenswürdig ist?

Persönlich nachgedacht

Gott sagt uns, dass er uns nie verlassen oder alleine lassen und dass seine Liebe nie aufhören wird. Schreibe in den folgenden Freiraum, inwiefern dich diese Liebe dazu in die Lage versetzt, andere Menschen zu lieben. Schreibe dann auf, inwiefern dir dieses Wissen dabei hilft, Zuneigung und Liebe von anderen anzunehmen. Danke Gott für seine ewige Liebe und dass es Teil seines Plans ist, dass du wiederum Teil einer Gemeinschaft bist.

Persönlich erlebt

Schreibe das Wort „Freund" auf eine Karteikarte oder in deinen Computer. Nimm dir einen Augenblick Zeit und danke Gott für deine Freunde; nenne die Freunde dabei namentlich. Dann schau noch einmal auf das Wort „Freund", und schreibe auf die Karte: „Gott ist mein bester Freund", um dich daran zu erinnern, dass er immer für dich da ist. Das hilft dir dabei, ohne irgendwelchen Druck in Gemeinschaft mit anderen zu sein und zu erkennen, dass Gott immer für dich da sein wird.

> Denk daran:
> Bring zum nächsten
> Gruppentreffen
> einen Schuhkarton
> mit!

8

EINHEIT

In der Gruppe

EINHEIT 8

Gaben

Teil 1: Deine Gaben entdecken

Die Woche im Rückblick

1. Beschreibe den übrigen Teilnehmern der Gruppe, was für dich während der täglichen Impulse die wertvollste Erkenntnis war.

2. Beschreibe die für dich wertvollste praktische Aktivität.

3. Ist es dir in der letzten Woche gelungen, dich anderen mehr zu öffnen? Wenn ja: Inwiefern?

4. Welche Fragen oder Bedenken haben die täglichen Impulse bei dir ausgelöst?

Jen nahm an ihrem ersten Missionseinsatz in der Dominikanischen Republik teil, als sie in der 10. Klasse war. Diese zwei Wochen, in denen sie anderen Menschen diente, weckten ihre Leidenschaft für die Mission und den Wunsch, anderen Menschen zu helfen. In den folgenden Jahren fuhr Jen als leitende Mitarbeiterin der gemeindlichen Jugendarbeit auf solche Einsätze mit und traute sich, ihren Freunden in der Schule von ihrem Glauben zu erzählen und sich für sie einzusetzen. Ihr Jugendpastor half ihr zu erkennen, dass sie durch das Ausprobieren verschiedener Arten von gemeindlichen Diensten, durch das Engagement für ihre Freunde und andere Menschen und durch das Reden über ihren Glauben mehr Gelegenheiten haben würde zu entdecken, mit welchen einzigartigen Gaben Gott sie geschaffen hatte.

Nun ist Jen im ersten Jahr auf dem College. Sie möchte gerne Krankenschwester werden und ihren Beruf nutzen, um den Not leidenden Menschen in Afrika zu helfen. Jen weiß heute, dass ihre Begabungen im Bereich Leiterschaft, Dienst an anderen und Evangelisation liegen. Sie hat ihre Begabungen im Laufe mehrerer Jahre entdeckt, indem sie im Glauben wuchs, das praktizierte, was sie in der Gemeinde lernte, einen Gabentest machte und ihre Familie und ihre Freunde fragte, welche Begabungen sie in ihr sahen.

Gaben sind göttliche Befähigungen – besondere von Gott gegebene Fähigkeiten –, die Gott jedem seiner Nachfolger gibt, um ihm zu helfen, sein Reich in der Welt zu bauen. Mit anderen Worten: Gott hat dir eine besondere Gabe (oder auch mehrere) gegeben, damit du eine besondere Aufgabe für ihn übernehmen kannst. Ist das nicht absolut faszinierend? Wir sind nicht nur Teil von Gottes Plan zur Veränderung der Welt, sondern haben auch die Gaben bekommen, die wir brauchen, um unsere Aufgaben zu erledigen!

In den letzten beiden Einheiten haben wir uns damit beschäftigt, wie wichtig es ist, in authentischer Gemeinschaft mit anderen in einer Kleingruppe zu leben. Wenn wir uns in einer Gemeinschaft umeinander kümmern, erleben wir, dass Gott uns besondere Fähigkeiten, so genannte Gaben, gegeben hat, die zum Aufbau und zum Leben von Gottes Gemeinschaft beitragen. In dieser Einheit geht es darum, wie jeder von uns herausfinden kann, welche Gaben er hat und wie er sie in seiner Gemeinde einsetzen kann.

1. Denkt an aktive Gemeindemitglieder in eurer Gemeinde. Welche besonderen Fähigkeiten seht ihr bei ihnen?

2. Welche besonderen Fähigkeiten oder Bereiche, in denen jemand besonders gut ist, habt ihr bei den anderen in eurer Gruppe entdeckt?

Gemeinsam gelesen

Lest gemeinsam 1. Korinther 12, Verse 1 und 4 bis 7 sowie 1. Petrus 2, Vers 9.

>> 1. Korinther 12,1.4–7

„Brüder und Schwestern! Ich komme nun zu den Fähigkeiten, die der Geist Gottes schenkt, und sage euch, was ihr darüber wissen müsst. Es gibt *verschiedene* Gaben, doch *ein und derselbe* Geist teilt sie zu. Es gibt *verschiedene* Dienste, doch *ein und derselbe* Herr macht dazu fähig. Es gibt verschiedene Wunderkräfte, doch ein und derselbe Gott schenkt sie – er, der alles in allen wirkt. Doch an jedem und jeder in der Gemeinde zeigt der Heilige Geist seine Wirkung in der Weise und mit dem Ziel, dass alle etwas davon haben."

>> 1. Petrus 2,9

„Ihr aber seid das erwählte Volk, das Haus des Königs, die Priesterschaft, das heilige Volk, das Gott selbst gehört. Er hat euch aus der Dunkelheit in sein wunderbares Licht gerufen, damit ihr seine machtvollen Taten verkündet."

Gemeinsam entdeckt

1. Zähle alle Dinge auf, die im 1. Korinther-Brief als „verschieden" bezeichnet werden, und alle, die als „ein und dasselbe" bezeichnet werden. Was zeigt uns das darüber, wie Gott mit uns zusammenarbeitet?

2. Paulus schreibt, dass jeder von uns eine Gabe (oder auch mehrere) bekommen hat. Was ist der Zweck dieser Gaben?

3. Was wisst ihr über Gaben? Welche Gaben kennt ihr?

4. Stellt euch vor, ihr bekommt von jemandem, der euch wirklich liebt, ein Geschenk, das ihr aber nie öffnet! Wie würde sich der Schenkende dabei fühlen? Wie geht es Gott wohl damit, wenn wir die Geschenke, die er uns gibt, nicht öffnen?

5. Ein Priester ist ein Mittler zwischen Gott und Menschen; er vertritt die Menschen vor Gott und verkündet den Menschen Gottes Taten. Habt ihr euch schon einmal als Priester betrachtet? Inwiefern hilft euch diese Wortwahl aus dem Brief von Paulus dabei, euren Platz in der Gemeinde zu entdecken?

Gemeinsam erlebt

Holt den Schuhkarton heraus, den ihr von zu Hause mitgebracht habt. Packt den Deckel des Kartons mit Hilfe von Tesafilm in ein großes Blatt weißes Papier ein (damit ihr später etwas darauf schreiben könnt). Ihr werdet diesen Schuhkarton in den nächsten Wochen verwenden, um mehr über eure Gaben herauszufinden.

Zeit für Gemeinschaft

Der Schuhkarton steht für euch und euer Leben – ihr seid ein Behältnis für die Gaben, die Gott euch gegeben hat, um der Gemeinde Jesu damit zu dienen. Bittet Gott gemeinsam im Gebet, euch zu zeigen, wie ihr ein Priester sein könnt, wie ihr eure Gaben entdecken und wie ihr anderen dienen könnt, indem ihr eure Gaben einsetzt. Schreibt euren Namen auf die Außenseite eurer Schachtel. Bittet Gott, euch dabei zu helfen, die Gaben zu entdecken und zu verstehen, die ihr für euren Dienst in der Gemeinde gebrauchen sollt.

EINHEIT 8

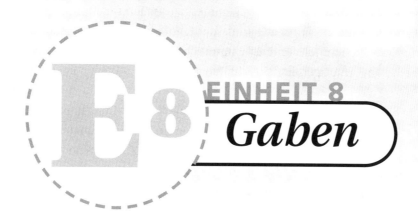

Impulse für den Alltag

EINHEIT 8
Gaben

Teil 1: Deine Gaben entdecken

In der letzten Einheit haben wir uns mit der Bedeutung von authentischer Gemeinschaft beschäftigt und damit, dass man Liebe genauso geben wie empfangen können sollte. Manchmal kann diese Art der Liebe verletzen, und manchmal ist es schwer, diese Art der Liebe anzunehmen. Wenn wir aber dazu bereit sind, das zu akzeptieren, werden wir geistlich wachsen und Jesus ähnlicher werden. In dieser Einheit werden wir nun entdecken, wie jeder von uns auf seine eigene, Gott gegebene Weise einen Beitrag im Reich Gottes leisten und sich in seiner Gemeinde einsetzen kann. Gott hat jedem Christen mindestens eine Gabe geschenkt. In den folgenden „Impulsen für den Alltag" wollen wir anfangen zu entdecken, was das für uns bedeutet.

Gebrauche mich!

Als ich mich mit Gaben beschäftigte, fand ich heraus, dass ich die Gabe der Ermutigung hatte. Zuerst war ich etwas enttäuscht, weil ich mir nicht sicher war, was ich mit dieser Gabe anfangen sollte. Aber inzwischen habe ich gemerkt, dass ich sie auf unterschiedliche Weise einsetzen kann. Ich fing an, auf die Gefühle der Leute zu achten – ob sie traurig, ängstlich oder frustriert erschienen. Ich fand es erstaunlich zu sehen, wie ihnen nur ein paar nette Worte oder ein paar ermutigende Zeilen halfen.

Einmal sollte eine Freundin von mir in unserer Schule in der Mittagspause eine Bibelstunde halten. Als ich mit ihr am Vormittag sprach, erschien sie mir ziemlich nervös. Sie sagte sogar, sie wüsste nicht, ob sie die Richtige für diese Aufgabe sei. Es fiel mir so leicht, sie zu ermutigen, ihr zu sagen, dass sie genau die richtige Person dafür war und dass sie ihre Sache gut machte. Und sie machte ihre Sache tatsächlich gut! Dadurch, dass sie ihre Leitungsgabe an diesem Tag einsetzte, bewegte sie wirklich etwas. Später erzählte sie mir, dass ihr das nur möglich gewesen sei, weil ich für sie da war und sie ermutigt hatte. Da wusste ich, dass meine Gaben wichtig waren – dass meine Gaben mit den Gaben anderer Leute zur Ehre Gottes zusammenarbeiten konnten.

Trevor, 16

Persönlich gesehen

Markiere oder unterstreiche diese Verse des Apostels Paulus in deiner Bibel:

>> **1. Korinther 1,7**
„[Es] *fehlt euch keine von den Gaben,* die der Geist Gottes schenkt. Und so wartet ihr voll Zuversicht darauf, dass Jesus Christus, unser Herr, kommt und vor aller Welt offenbar wird.“

>> **2. Timotheus 1,6**
„Darum ermahne ich dich: *Lass die Gabe wieder aufleben, die Gottes Geist in dich gelegt hat!*“

>> **1. Timotheus 4,14**
„*Vernachlässige nicht die Gabe, die Gott dir geschenkt hat.*“

1. Was sagt dies über dich und deine eigenen Gaben aus?

2. Paulus ermutigt Timotheus zweimal, seine Gaben einzusetzen. Was bedeutet Paulus' Kommentar für *unsere* Verantwortung für unsere Gaben?

Persönlich nachgedacht

Pastor Bill Hybels hat ein einfaches und kraftvolles Gebet formuliert, das er das „Gebrauche mich"-Gebet nennt: „Gebrauche mich, Gott. Zeige mir, welchen Platz ich bei der Veränderung der Welt einnehmen soll. Nimm meinen Kopf, mein Herz und meine Hände und gebrauche mich zu deinen Zwecken." Schreibe dieses Gebet hier noch einmal ab und erweitere es mit den verschiedenen Möglichkeiten, durch die Gott dich gebrauchen kann und gebrauchen will. (Zum Beispiel: „Herr, gebrauche mich, um Britta zu erreichen, denn sie stellt zur Zeit sehr viele Fragen über den Glauben.")

Persönlich erlebt

Schreibe „Gebrauche mich" auf eine Karteikarte oder an eine Stelle, an der du die Worte im Laufe des Tages lesen kannst (zum Beispiel auf den Umschlag eines deiner Bücher). Mache dieses Gebet zu deinem Tagesmotto. Beginne den Tag mit einem „Gebrauche mich"-Gebet. Lass dich von Gott gebrauchen, egal, wo du bist, in der Schule oder zu Hause. Sprich im Lauf des Tages „Gebrauche mich"-Gebete, bevor du eine Unterhaltung anfängst oder etwas machst. Betrachte dein Leben als eine Übung, bei der es darum geht, dich von Gott gebrauchen zu lassen.

Die Teile des Puzzles zusammensetzen

Die Entdeckung deiner Gaben ist eine spannende Reise. Der erste Schritt besteht darin, dass wir uns mit den verschiedenen Erfahrungen, Talenten und Neigungen beschäftigen, die wir haben, und dann schauen, ob diese von Menschen, die uns gut kennen, bestätigt werden. Es wird dich Zeit und Selbstprüfung kosten, deine Gaben zu entdecken. Sei also geduldig. Gott wird sie dir mit Sicherheit zeigen. Außerdem musst du nicht warten, bis du deine Gaben ganz exakt kennst, bevor du sie einsetzen kannst. Jeder von ist dazu aufgefordert, sich in bestimmten Bereichen zu engagieren, auch wenn er nicht explizit diese Gabe hat: Evangelisation, Barmherzigkeit, Geben. Aber wenn wir uns in diesen allgemeinen Bereichen einsetzen, wird Gott uns die besonderen Gaben zeigen, die er uns gegeben hat.

Persönlich gesehen

Markiere oder unterstreiche die folgenden Verse in deiner Bibel. Dann kreise jede genannte geistliche Gabe ein.

>> Römer 12,4–8

„Denkt an den menschlichen Leib: Er bildet ein lebendiges Ganzes und hat doch viele Teile und jeder Teil hat seine besondere Funktion. So ist es auch mit uns: Als Menschen, die zu Christus gehören, bilden wir alle ein unteilbares Ganzes; aber als Einzelne stehen wir zueinander wie Teile mit ihrer besonderen Funktion. Wir haben ganz verschiedene Gaben, so wie Gott sie uns in seiner Gnade zugeteilt hat. Einige sind befähigt, Weisungen für die Gemeinde von Gott zu empfangen; was sie sagen, muss dem gemeinsamen Bekenntnis entsprechen. Andere sind befähigt, praktische Aufgaben in der Gemeinde zu übernehmen; sie sollen sich treu diesen Aufgaben widmen. Wer die Gabe hat, als Lehrer die Gemeinde zu unterweisen, gebrauche sie. Wer die Gabe hat, andere zu ermahnen und zu ermutigen, nutze sie. Wer Bedürftige unterstützt, soll sich dabei nicht in Szene setzen. Wer in der Gemeinde eine Verantwortung übernimmt, soll mit Hingabe bei der Sache sein. Wer sich um Notleidende kümmert, soll es nicht mit saurer Miene tun."*

>> Epheser 4,11–12

„Und auch die versprochenen Gaben hat er ausgeteilt: Er hat die einen zu Aposteln gemacht, andere zu Propheten, andere zu Evangelisten, wieder andere zu Hirten und Lehrern der Gemeinde. Deren Aufgabe ist es, die Glaubenden zum Dienst bereitzumachen, damit die Gemeinde, der Leib von Christus, aufgebaut wird."

1. Welche Gaben erwähnt Paulus in Epheser 4? Welchen Zweck haben alle diese Gaben?

2. Welche Gaben verwendet Paulus in Römer 12 als Beispiel? Was sagt Paulus in diesen Beispielen darüber, wie wir unsere Gaben einsetzen sollen?

Um zu erkennen, welche Gaben du haben könntest, kann es hilfreich sein zu betrachten, wie Gott dich geschaffen hat, damit du für ihn in dieser Welt etwas bewirkst. Das ist nämlich kein Zufall. Du kannst dir die folgenden vier Fragen stellen, wenn du dich näher damit beschäftigen möchtest, welche Gaben du haben könntest. Diese vier Fragen stellen gewissermaßen die Eckstücke eines Puzzles dar.

Eckstück 1 *(deine Neigung):*
Wofür hast du eine Leidenschaft? Du kannst dich fragen: „Bei welchen Dingen habe ich das Gefühl, für Gott wirklich etwas zu bewegen oder dass Gott sich wirklich über das freut, was ich mache?" Du kannst dir auch überlegen, worüber du gerne nachdenkst – oder was dich nachts wach liegen lässt.

Eckstück 2 *(deine Talente):*
Worin bist du gut? Sport? Musik? Schreiben? Schauspielern? Computer? Denke über dein Leben nach und über die Dinge, in denen du gut bist.

Eckstück 3 *(deine Erfahrungen):*
Welche Erfahrungen hast du gemacht, bei denen du wirklich begeistert warst? Welche Erfahrungen hast du gemacht, bei denen du etwas bewegt und Erfolg hattest? Etwa ein Missionseinsatz, bei dem du mitgemacht hast, oder ein Projekt in der Schule oder im Rahmen deines Studiums. Was machte diese Erfahrung für dich so wichtig? Waren es die Menschen, für die du etwas getan hast – Kinder, arme Menschen, Senioren? War es der Einsatzort – die Innenstadt, ein fremdes Land?

Eckstück 4 *(das Feedback anderer):*
Dieses Eckstück soll dir dabei helfen, darüber nachzudenken, wo dir andere Menschen bestätigt haben, dass du etwas gut gemacht hast. Achte darauf, ob es bei dem, was andere über deine Gaben und Fähigkeiten sagen, ein bestimmtes Muster gibt.

Wenn du erst mal diese vier Eckstücke bestimmt hast, eröffnen sie dir einen Blick darauf, wie Gott dich geschaffen hat. Keines dieser vier Puzzleteile ist ein Zufallsprodukt; sie alle weisen auf deine Gaben hin. Schreibe hier, so gut du kannst, deine Antworten auf diese vier Aussagen auf. Das wird dir dabei helfen, ein klareres Bild von deinen Gaben zu bekommen.

Eckstück 1: „Ich habe eine Neigung für . . .“

Eckstück 2: „Zu meinen Begabungen gehört . . .“

Eckstück 3: „Ich hatte das Gefühl, wirklich etwas zu bewegen, als ich . . .“

Eckstück 4: „Ich habe Bestätigung von anderen bekommen, als ich . . .“

Persönlich erlebt

Schreibe auf die Außenseite deines Schuhkartons ein paar Sätze in die Ecken, in denen du beschreibst, was du über die Eckstücke deines Puzzles erfahren hast. Übertrage das, was du oben formuliert hast, auf die Ecken deiner Schachtel. (Später wirst du auch noch in die Mitte der Schachtel etwas schreiben, also lass diesen Platz frei.) Bitte Gott, dir die Gelegenheit zu schenken, deine Gaben zu entdecken und einzusetzen. Bitte ihn, dir dabei zu helfen, deine Eckstücke zusammenzusetzen und das einzigartige Bild zu sehen, welches zeigt, dass Gott dich zu einem Menschen gemacht hat, der für ihn etwas verändern kann.

Die richtige Gabe finden

Du weißt nun ein bisschen mehr darüber, welche besonderen Fähigkeiten Gott dir gegeben hat. Natürlich gibt es keine fertige Liste von Gaben. Gott ist kreativ. Jede Fähigkeit, die vom Heiligen Geist regelmäßig gebraucht wird, um den Leib Christi (die Kirche) aufzubauen, kann man als Gabe bezeichnen. Aber die Bibel erwähnt einige Gaben, und in diesem „Impuls" werden wir uns die Gaben anschauen, die in der Bibel erwähnt oder erklärt werden, und dabei untersuchen, wie deine Aufgabe beim Aufbau von Gottes Gemeinde aussehen könnte.

Persönlich gesehen

Markiere oder unterstreiche die folgenden Verse in deiner Bibel:

Persönlich gefragt

1. Schau dir noch einmal an, welche Gaben erwähnt werden. Wie arbeiten die Menschen, die sie besitzen, zusammen, um der Gemeinde zu dienen?

>> **1. Korinther 12,8–11**

„Die einen befähigt der Geist dazu, *Gottes weisheitsvolle Pläne zu enthüllen*; andere lässt er erkennen, *was in einer schwierigen Lage getan werden soll.* Derselbe Geist gibt den einen *besondere Glaubenskraft* und den anderen *die Kraft zu heilen.* Der Geist ermächtigt die einen, *Wunder zu tun*; andere macht er *fähig, Weisungen Gottes zu verkünden.* Wieder andere können *unterscheiden, was aus dem Geist Gottes kommt und was nicht.* Die einen befähigt der Geist, *in unbekannten Sprachen zu reden*; anderen gibt er *die Fähigkeit, das Gesagte zu deuten.* Aber das alles bewirkt ein und derselbe Geist. So wie er es will, teilt er jedem und jeder in der Gemeinde die eigene Fähigkeit zu."

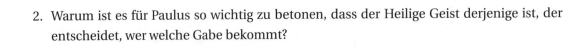

2. Warum ist es für Paulus so wichtig zu betonen, dass der Heilige Geist derjenige ist, der entscheidet, wer welche Gabe bekommt?

Im Folgenden findest du eine Liste aller geistlichen Gaben, die in der Bibel erwähnt oder beschrieben werden. Beurteile jede Gabe danach, ob du sie in irgendeiner Form besitzt:

0 – Ich habe diese Gabe noch nie bei mir erlebt.

1 – Ich habe diese Fähigkeit praktiziert (oder könnte es tun), bin mir aber nicht sicher, ob sie zu meinen Gaben gehört.

2 – Ich habe diese Gabe und/oder denke, ich könnte sie sehr gut praktizieren, wenn ich die Gelegenheit dazu habe.

___ **Apostel**: Die Fähigkeit, neue Gemeinden oder gemeindliche Dienste ins Leben zu rufen und zu betreuen.

___ **Auslegung**: Die Fähigkeit, eine im Sprachengebet formulierte Botschaft zu übersetzen.

___ **Barmherzigkeit**: Die Fähigkeit, Menschen in Not gerne und ganz praktisch zu helfen.

___ **Erkenntnis**: Die Fähigkeit, anderen Christen durch biblische Erkenntnis und Einsicht wichtige Wahrheiten zu vermitteln.

___ **Ermutigung**: Die Fähigkeit, andere zu trösten und zu stärken.

___ **Evangelisation**: Die Fähigkeit, das Evangelium mitreißend und effektiv weiterzugeben.

___ **Gastfreundschaft**: Die Fähigkeit, eine Atmosphäre zu schaffen, in der sich andere willkommen und wohl fühlen.

___ **Geben**: Die Fähigkeit, Geld und andere Mittel gerne und großzügig zur Verfügung zu stellen.

___ **Gebet**: Die Fähigkeit, beständig und leidenschaftlich für die Anliegen anderer Menschen zu beten und konkrete Ergebnisse zu erwarten.

___ **Glaube**: Die Fähigkeit, mit unerschütterlichem Vertrauen an Gottes Verheißungen festzuhalten.

___ **Handwerk**: Die Fähigkeit, für einen Dienst benötigte Dinge zu entwerfen oder zu bauen.

___ **Heilung**: Die Fähigkeit, Gottes Werkzeug zu sein, damit Menschen an Leib, Seele und Geist wieder völlig gesund werden.

___ **Helfen**: Die Fähigkeit, andere voller Freude zu unterstützen.

___ **Hirtendienst**: Die Fähigkeit, Menschen zu fördern und zu geistlichem Wachstum anzuleiten.

___ **Kreativität**: Die Fähigkeit, durch verschiedene künstlerische Darstellungsformen von Gott zu erzählen.

___ **Lehre**: Die Fähigkeit, Gottes Wahrheiten verständlich zu erklären.

___ **Leitung**: Die Fähigkeit, Perspektiven zu vermitteln, Menschen zu motivieren und so anzuleiten, dass sie Gottes Ziele erreichen.

___ **Organisation**: Die Fähigkeit, Menschen und Aufgaben zu organisieren.

___ **Prophetie**: Die Fähigkeit, Gottes Botschaft zu einem konkreten Thema oder Ereignis weiterzugeben.

___ **Sprachengebet**: Die Fähigkeit, in einer unbekannten Sprache zu sprechen, zu beten oder Gott zu loben.

___ **Unterscheidung**: Die Fähigkeit, zwischen Wahrheit und Irrtum zu unterscheiden, dahinter stehende Motive oder die Anwesenheit des Bösen zu erkennen.

___ **Weisheit**: Die Fähigkeit, geistliche Erkenntnisse auf konkrete Themen oder Situationen anzuwenden.

___ **Wundertaten**: Die Fähigkeit, durch übernatürliche Ereignisse Gottes Wirken sichtbar werden zu lassen.

Persönlich erlebt

Schau dir noch mal die Ecken deiner Schuhschachtel an. Dann nimm dir noch mal die Liste der Gaben vor und konzentriere dich auf die, die du mit der Ziffer 2 bewertet hast. Wähle von diesen zwei oder drei aus, die mit dem übereinstimmen, was du in die Ecken deiner Schachtel geschrieben hast oder bei denen du ziemlich sicher bist, dass du sie besitzt. Schreibe diese zwei oder drei Gaben in die Mitte deiner Schachtel. Bitte Gott darum, dir zu zeigen, ob dies wirklich deine Gaben sind, wenn du im Laufe der nächsten Wochen mehr über dich erfährst. Frage die anderen Teilnehmer deiner Kleingruppe, ob sie diese Gaben bei dir sehen. Sprich mit deinem Kleingruppenleiter darüber, wie du diese Gaben einsetzen könntest, um herauszufinden, ob es wirklich deine Gaben sind.

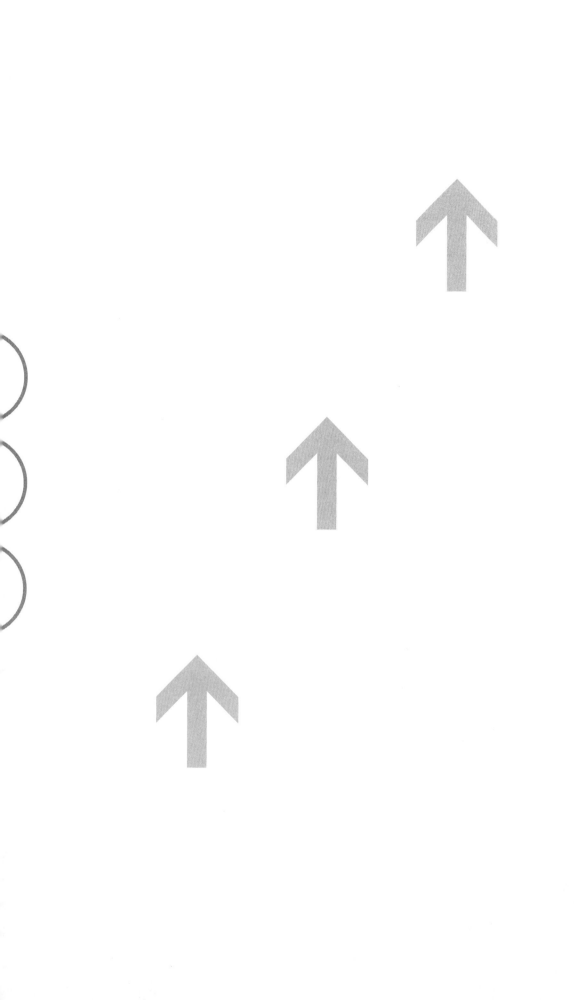

IMPULS 4

Wer bin ich?

Wenn uns klar wird, dass Gott uns besondere Fähigkeiten gegeben hat, denken wir vielleicht: „Wer bin ich schon, dass Gott mich gebrauchen will?" Genau diese Frage stellte sich auch Mose, als Gott ihn gebrauchen wollte, um sein Volk aus der Knechtschaft in Ägypten zu befreien und in das Gelobte Land zu bringen. Wir müssen verstehen, dass Gott weiß, wer wir sind, dass er uns so geschaffen hat, wie wir sind, und dass er uns auf ganz besondere Weise gebrauchen will.

Persönlich gesehen

Markiere oder unterstreiche die folgenden Verse aus dem zweiten Buch der Bibel:

>> Exodus 3,10–15; 4,1

„[Gott sagt zu Mose:] ‚Deshalb geh jetzt, ich schicke dich zum Pharao! Du sollst mein Volk, die Israeliten, aus Ägypten herausführen.' Aber Mose wandte ein: *‚Ich? Wer bin ich denn! Wie kann ich zum Pharao gehen und das Volk Israel aus Ägypten herausführen?'* Gott antwortete: ‚Ich werde dir beistehen. Und das ist das Zeichen, an dem du erkennst, dass ich dich beauftragt habe: Wenn du das Volk aus Ägypten herausgeführt hast, werdet ihr mir an diesem Berg Opfer darbringen und mich anbeten.' Mose sagte zu Gott: ‚Wenn ich nun zu den Leuten von Israel komme und zu ihnen sage: »Der Gott eurer Vorfahren hat mich zu euch geschickt« [...]' "

„[...]
,und sie mich dann fragen:
»Wie ist sein Name?« –
was soll ich ihnen sagen?'
Gott antwortete: »,Ich bin da', und er fügte
hinzu: ,Sag zum Volk Israel: »Der Ich-bin-da hat
mich zu euch geschickt: der Herr!
Er ist der Gott eurer Vorfahren, der Gott Abrahams,
Isaaks und Jakobs.« Denn »Herr (Er-ist-da)« ist mein
Name für alle Zeiten. Mit diesem Namen sollen mich
auch die kommenden Generationen ansprechen,
wenn sie zu mir beten.'
Mose erwiderte: ,Und was ist, wenn die Leute von
Israel mir nicht glauben und nicht auf mich
hören, sondern behaupten:
»Der Herr ist dir nicht erschienen!«
Was soll ich dann tun?'"

1. Hast du dich schon mal so gefühlt wie Mose? Überwältigt und nicht sicher, warum Gott gerade dich für den Aufbau seines Reiches gebrauchen will? Was hat dieses Gefühl bei dir ausgelöst?

2. Was gibt dir das Gefühl, Gott nicht angemessen dienen zu können?

3. Welche Befürchtungen hast du in Bezug auf das, was andere über dich sagen könnten, wenn du dich für Gott engagierst?

Mose fragte sich zuerst: „Wer bin ich?", dann: „Wie kann ich das Volk führen?", und schließlich: „Warum sollten sie mir glauben?" Schreibe hier die Fragen auf, die du dir im Zusammenhang mit deiner Situation und deinem Engagement stellst. Bitte Gott, dir den Mut und das Selbstvertrauen zu geben, dich von ihm gebrauchen zu lassen, seine Pläne für dein Leben zu erfüllen und zu wissen, dass er dich genauso unterstützen wird, wie er es bei Mose getan hat.

Schreibe 2. Korinther 12, Vers 9 auf eine Karteikarte: „Du brauchst nicht mehr als meine Gnade. Je schwächer du bist, desto stärker erweist sich an dir meine Kraft." Lege diese Karte in deinen Schuhkarton. Sage Gott im Gebet, dass du dich zwar manchmal schwach und ängstlich fühlst, ihm aber dein Leben zur Verfügung stellst.

Die Gaben der anderen feiern

Jamie und Natalie saßen oft am Klavier und komponierten zum Spaß zusammen Lieder. Als sie älter wurden und auf die Highschool kamen, zeigte sich Jamies Begabung stärker, und sie entdeckte, dass sie die Gabe der Kreativität hatte. Sie fing an, in der Gemeinde bei Veranstaltungen zu spielen, und war schließlich auch auf einem privaten christlichen Radiosender zu hören. Statt sich über den Erfolg ihrer Freundin zu freuen, war Natalie verletzt und eifersüchtig, dass ihre beste Freundin sie im Stich gelassen hatte, um ihren Träumen zu folgen. Es dauerte nicht lange, und ihre Freundschaft zerbrach, weil Natalie keinen Weg fand, um sich über den Erfolg ihrer Freundin zu freuen. Unsere Gaben sind dazu da, um von Gott gebraucht zu werden, aber menschliche Eifersucht und Verletzungen halten uns trotzdem manchmal davon ab, unseren Beitrag zum Reich Gottes zu leisten – und manchmal auch den von anderen. Stattdessen müssen wir lernen, wie wir die Gaben der anderen feiern und gleichzeitig unseren eigenen Beitrag und unsere eigenen einzigartigen Gaben schätzen lernen können.

Persönlich gesehen

Markiere oder unterstreiche die folgenden Verse in deiner Bibel:

>> Jakobus 3,13–18

„Will jemand unter euch als klug und weise gelten? Dann zeige er das in der ganzen Lebensführung, mit der Bescheidenheit, die den Weisen ansteht! Wenn ihr dagegen bittere Eifersucht und Streit in euren Herzen hegt, dann rühmt euch nicht eurer Weisheit und verdreht damit die Wahrheit! Diese Art von Weisheit kommt nicht von oben, sie ist irdisch, sinnlich und teuflisch. *Wo Eifersucht und Streit herrschen, gibt es Unordnung und jede Art von Gemeinheit.* Aber die Weisheit von oben ist zuerst einmal rein und klar; sodann ist sie freundlich, nachgiebig, zum Frieden bereit. Sie ist voller Erbarmen und bringt viele gute Taten hervor. Sie kennt weder Vorurteil noch Verstellung. Die Saat der Gerechtigkeit geht nur bei denen auf, die auf Frieden aus sind, und bei ihnen bringt sie Frucht."

1. Woher kommen laut Jakobus Eifersucht und Streit? Welche Folgen haben sie?

2. Was ist die Alternative zu Eifersucht und Streit? Was sagt dies darüber aus, wie wir die verschiedenen Gaben feiern sollten, die Gott anderen Menschen gegeben hat?

3. Warum sind Friedensstifter so hoch geschätzt?

Denke über folgende Fragen nach: Wie oft wünschst du dir, jemand anderer zu sein? Merkst du, dass du auf andere eifersüchtig bist? Was würde es dich kosten, völlig damit zufrieden zu sein, wie Gott dich und wie er andere begabt hat? Liste hier die Gaben auf, die du bei den anderen Mitgliedern deiner Kleingruppe siehst. Bitte Gott, dir dabei zu helfen, dich mit den anderen über diese Gaben zu freuen. Schreibe dann die Gaben auf, die Gott dir deiner Meinung nach geschenkt hat. Bitte Gott, dir dabei zu helfen, mit den Gaben, die er dir geschenkt hat, zufrieden zu sein und dich darüber zu freuen. Danke ihm für deine Gabe(n).

Lege in deine Schuhschachtel eine Karte mit dem Namen von einem Mitglied deiner Gruppe, über dessen Gabe du dich freuen kannst. Danke Gott, dass er jeden Christen anders und uns alle doch zu seiner Ehre zu einer Einheit gemacht hat. Schreibe dieser Person ein paar ermutigende Zeilen oder eine E-Mail. Überlege, wie du andere beim Einsatz ihrer Gaben unterstützen kannst.

9

EINHEIT

EINHEIT 9
Gaben

Teil 2: Deine Gaben einsetzen

(**Die Woche im Rückblick**)

1. Beschreibe den übrigen Teilnehmern der Gruppe, was für dich während der täglichen Impulse die wertvollste Erkenntnis war.

2. Beschreibe die für dich wertvollste praktische Aktivität.

3. Welche Gaben hast du deiner Meinung nach? Wie könntest du deine Gaben in der Gemeinde einsetzen, um andere zu unterstützen?

4. Welche Fragen oder Bedenken haben die täglichen Impulse bei dir ausgelöst?

Letzte Woche haben wir in meiner Kleingruppe etwas über Gaben gelernt. Unser Leiter las 1. Korinther 12 vor und erklärte, dass Gott jedem von uns Gaben gegeben hat. Diese Gaben machen es mir möglich, aktiver Teil der Gemeinde zu sein – anderen zu dienen und mich, so gut ich kann, zu engagieren. Ich habe gelernt, dass wir alle zum Leib Christi gehören und jeder von uns eine andere Funktion übernimmt. Es war so toll zu hören, dass jeder wichtig ist und dass jeder Einzelne eine Rolle in Gottes Plänen zur Rettung der Welt spielt. Ich kann es kaum erwarten, herauszufinden, welche Gaben Gott mir gegeben hat; denn dann kann ich endlich „meinen" Platz in der Jugendarbeit meiner Gemeinde finden und sehen, wie ich sie dort einsetzen kann.

Tory, 13

Was würde passieren, wenn jeder Christ seine Gaben wirklich zum Wohl anderer einsetzen würde? Wäre es nicht toll, zu so einer Gemeinde zu gehören? In der Urgemeinde des ersten Jahrhunderts war das tatsächlich der Fall, wie von Lukas in Apostelgeschichte 2 berichtet wird. Und es kann auch heute Realität werden. Gott kann eure Generation gebrauchen, damit ihr ein Vorbild für alle Christen sein könnt. Es fängt damit an, dass ihr eure Gaben einsetzt, um Gott und andere Menschen zu lieben.

1. Erzählt von einer Erfahrung, als ihr Teil einer Gruppe wart, die zusammen etwas erreicht hat, was keiner aus der Gruppe alleine hätte schaffen können.

2. Welche geistlichen Gaben sind eurer Meinung nach für eine Gruppe oder Gemeinde nötig, damit sie so funktionieren kann, wie Gott es sich vorgestellt hat?

Lest gemeinsam Apostelgeschichte
2, Verse 41 bis 47 und Römer 12,
Verse 4 und 5.

>> Apostelgeschichte
2,41–47

„Viele nahmen seine Botschaft an und ließen sich
taufen. Etwa dreitausend Menschen wurden an diesem
Tag zur Gemeinde hinzugefügt. Sie alle widmeten sich eifrig
dem, was für sie als Gemeinde wichtig war: Sie ließen sich von
den Aposteln unterweisen, sie hielten in gegenseitiger Liebe
zusammen, sie feierten das Mahl des Herrn und sie beteten
gemeinsam. Durch die Apostel geschahen viele staunenswerte Wundertaten, und alle in Jerusalem spürten, dass hier wirklich Gott am Werk war.
Alle, die zum Glauben gekommen waren, bildeten eine enge
Gemeinschaft und taten ihren ganzen Besitz zusammen.
Von Fall zu Fall verkauften sie Grundstücke und Wertgegenstände und
verteilten den Erlös unter die Bedürftigen in der Gemeinde.
Tag für Tag versammelten sie sich einmütig im Tempel, und in
ihren Häusern hielten sie das Mahl des Herrn und aßen
gemeinsam, mit jubelnder Freude und reinem Herzen.
Sie priesen Gott und wurden vom ganzen Volk
geachtet. Der Herr aber führte ihnen jeden Tag
weitere Menschen zu, die gerettet
werden sollten."

>> Römer 12,4–5

„Denkt an den menschlichen
Leib: Er bildet ein lebendiges
Ganzes und hat doch viele Teile und
jeder Teil hat seine besondere Funktion.
So ist es auch mit uns: Als Menschen,
die zu Christus gehören, bilden wir alle
ein unteilbares Ganzes; aber als
Einzelne stehen wir zueinander wie
Teile mit ihrer besonderen
Funktion."

1. Welchen Dingen „widmeten" sich die Gemeindemitglieder? Warum sind diese Dinge so wichtig?

2. Was dachten damals wohl Außenstehende über diese erste Gemeinde? Was machte sie zu so einer effektiven Gemeinschaft?

3. Wie wäre es wohl gewesen, in dieser Gemeinde Nachfolger Christi zu sein, aber sich nicht zu engagieren? Warum haben die Gemeinden heute so viele „Karteileichen" und nur so wenige Mitglieder, die aktiv mitarbeiten? Was sind eurer Ansicht nach die Gründe dafür?

4. Inwiefern funktionierte die Gemeinde aus Apostelgeschichte 2 wie „ein Leib"? Welche Art von Hingabe und Einstellung war nötig, damit die Gemeinde, die in Apostelgeschichte 2 beschrieben wird, so lebendig war?

5. Inwiefern hilft uns Römer 12 – wo die geistlichen Gaben mit den verschiedenen Teilen des menschlichen Körpers verglichen werden – zu verstehen, wie wir unsere Gaben einsetzen sollen?

6. Inwiefern gleicht eure Gruppe oder eure Jugendarbeit der Gemeinde, wie sie in Apostelgeschichte 2 beschrieben wird, und inwiefern unterscheidet sie sich davon?

Gemeinsam erlebt

Wäre es nicht toll, zu der in Apostelgeschichte 2 beschriebenen Gemeinde zu gehören? Wenn wir das lesen, denken wir vermutlich, dass so etwas nur vor so langer Zeit passieren konnte. Aber es kann auch heute noch Realität werden! Gott hat sich nicht verändert! Jeder Christ hat die Vollmacht, anderen zu dienen und seine Gaben für das Wohl anderer einzusetzen. Stellt euch vor, wie es wäre, wenn alle Christen beschließen würden, ihre persönliche Begabung aktiv einzusetzen. Stellt euch vor, was in eurem Leben passieren würde, im Leben eurer Freunde, in eurer Jugendarbeit, in der ganzen Gemeinde. Nehmt euch Zeit, um darüber zu sprechen und euch vorzustellen, wie das für eure Jugendarbeit konkret aussehen könnte.

Zeit für Gemeinschaft

Geht in Zweier- oder Dreiergruppen zusammen, und erzählt euch gegenseitig, welche Gaben ihr habt und bei den anderen vermutet. Trefft euch nach eurem Austausch als Gruppe wieder, und überlegt, wie ihr diese Gaben in eurer Jugendarbeit einsetzen könnt. Betet, dass Gott jeden von euch gebraucht, um die Atmosphäre von Apostelgeschichte 2 in eure Gruppe und eure Generation hineinzutragen. Bittet Gott, euch zu zeigen, wie ihr eure Gaben in der kommenden Woche effektiver einsetzen könnt, damit die Gemeinde von Apostelgeschichte 2 Realität werden kann. Dankt Gott gemeinsam im Gebet für die Gaben, die er jedem von euch geschenkt hat, und bittet ihn, euch zu zeigen, wie er eure ganz einzigartigen Gaben gebrauchen möchte.

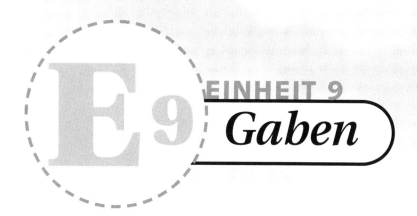

EINHEIT 9

Gaben

Teil 2: Deine Gaben einsetzen

In der letzten Einheit haben wir uns damit beschäftigt, wie jeder von uns die ganz besondere Berufung entdecken kann, die Gott ihm gegeben hat, damit er seinen Beitrag zum Aufbau der Gemeinde leisten kann. In dieser Einheit konzentrieren wir uns darauf, wie wir die Gaben, die Gott uns gegeben hat, ganz praktisch einsetzen können.

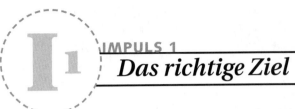

Das richtige Ziel

Gott hat jedem Christen die richtige Gabe zu einem bestimmten Zweck gegeben. Du bist da keine Ausnahme. Jeder Christ hat wenigstens eine Gabe, die er zur Umsetzung von Gottes Zielen und Absichten einsetzen kann. Unsere Aufgabe besteht darin, uns bereitwillig von Gott für die Erreichung seiner Ziele gebrauchen zu lassen. Dazu gehört auch, dass wir uns darum bemühen, unsere Gaben zu entdecken, und Gott fragen, wie wir diese so einsetzen können, dass sie anderen helfen und Gott die Ehre geben.

Persönlich gesehen

Markiere oder unterstreiche die folgenden Verse in deiner Bibel:

>> 1. Petrus 4,10–11

„Dient einander mit den Fähigkeiten, die Gott euch geschenkt hat – jeder und jede mit der eigenen, besonderen Gabe! Dann seid ihr gute Verwalter der vielfältigen Gnade Gottes. Wenn jemand die Gabe der Rede hat, soll Gott durch ihn zu Wort kommen. Wenn jemand die Gabe der helfenden Tat hat, soll er aus der Kraft handeln, die Gott ihm verleiht. Alles, was ihr tut, soll durch Jesus Christus zur Ehre Gottes geschehen. Ihm gehört die Herrlichkeit und die Macht für alle Zeiten!“

>> Epheser 4,12–13

„Deren Aufgabe ist es, die Glaubenden zum Dienst bereitzumachen, damit die Gemeinde, der Leib von Christus, aufgebaut wird. So soll es dahin kommen, dass wir alle die einende Kraft des einen Glaubens und der einen Erkenntnis des Sohnes Gottes an uns zur Wirkung kommen lassen und darin eins werden – dass wir alle zusammen den vollkommenen Menschen bilden, der Christus ist, und hineinwachsen in die ganze Fülle, die Christus in sich umfasst.“

>> 1. Korinther 12,7

„Doch an jedem und jeder in der Gemeinde zeigt der Heilige Geist seine Wirkung in der Weise und mit dem Ziel, dass alle etwas davon haben.“

1. In 1. Petrus 4 beschreibt Petrus, wie wir unsere Gaben einsetzen sollen. Was sagt er im Einzelnen?

2. Was ist laut Paulus in seinem Brief an die Epheser das Resultat, wenn wir unsere Gaben praktisch einsetzen?

3. Welcher Zusammenhang besteht zwischen dem Einsatz unserer Gaben und der Einheit in der Gemeinde Jesu?

Persönlich nachgedacht

Schreibe hier auf, wie du dich wohl nach Gottes Vorstellung in deiner Jugendarbeit einbringen solltest. Wenn du zu keiner Gemeinde gehörst, bitte Gott, dir die richtige Gemeinde oder den richtigen Dienst zu zeigen, in dem du dich engagieren kannst. Bitte Gott, dir zu zeigen, welche Gaben und welche Verantwortung du hast, wenn es darum geht, andere Christen für den Dienst bereitzumachen (eine der Funktionen von Gaben), indem er dir Gelegenheiten gibt, dich zu engagieren.

Persönlich erlebt

Schreibe auf eine Karteikarte oder ein Blatt Papier, wo du dich in der Gemeinde momentan schon einbringst (oder gerne einbringen möchtest) und dabei deine Gaben gebrauchen kannst, beispielsweise in der Jugendarbeit, in der Missionsarbeit oder in der Arbeit mit Kindern. Wenn du noch nirgendwo mitarbeitest oder nicht genau weißt, wo du dich einbringen möchtest, schreibe ein Fragezeichen auf deine Karteikarte. Lege diese Karte in deine Schuhschachtel, und bitte Gott, dir deine Gaben zu zeigen und wo du sie einsetzen könntest, um anderen Menschen damit zu dienen. Sprich innerhalb der nächsten beiden Wochen mit dem Leiter deiner Jugendarbeit oder deiner Kleingruppe, und bitte ihn, dir dabei zu helfen, deine Gaben zu entdecken und herauszufinden, wo du sie in der Gemeinde einsetzen kannst.

Die richtige Gabe

Manchmal neigen wir dazu zu glauben, dass einige Gaben wichtiger seien als andere. Dann haben wir das Gefühl, dass unsere Gabe nicht so wichtig ist, oder wir hätten lieber die Gabe eines anderen. Aber so sieht Gottes Plan nicht aus. Er hat dich so geschaffen, wie du bist, und möchte dich so gebrauchen, wie du bist. Lass dich ermutigen: Gott hat bei den Gaben, die er dir gegeben hat, keinen Fehler gemacht!

Persönlich gesehen

Markiere oder unterstreiche die folgenden Verse in deiner Bibel:

>> 1. Korinther 12,18–27

„Nun aber hat Gott im Körper viele Teile geschaffen und hat jedem Teil seinen Platz zugewiesen, so wie er es gewollt hat. Wenn alles nur ein einzelner Teil wäre, wo bliebe da der Leib? Aber nun gibt es viele Teile und alle gehören zu dem einen Leib. Das Auge kann nicht zur Hand sagen: ‚Ich brauche dich nicht!' Und der Kopf kann nicht zu den Füßen sagen: ‚Ich brauche euch nicht!' Gerade die Teile des Körpers, die schwächer scheinen, sind besonders wichtig. Die Teile, die als unansehnlich gelten, kleiden wir mit besonderer Sorgfalt und die unanständigen mit besonderem Anstand. Die edleren Teile haben das nicht nötig. Gott hat unseren Körper zu einem Ganzen zusammengefügt und hat dafür gesorgt, dass die geringeren Teile besonders geehrt werden. Denn er wollte, dass es keine Uneinigkeit im Körper gibt, sondern jeder Teil sich um den anderen kümmert. Wenn irgendein Teil des Körpers leidet, leiden alle anderen mit. Und wenn irgendein Teil geehrt wird, freuen sich alle anderen mit. Ihr alle seid zusammen der Leib von Christus und als Einzelne seid ihr Teile an diesem Leib."

Persönlich gefragt

1. Paulus verwendet das Bild des menschlichen Körpers, um die Funktionsweise des Leibes Christi – der Gemeinde – zu beschreiben. Warum passt dieses Bild so gut? Was bedeutet es, „ein Leib" zu sein?

2. Warum ist so wichtig, dass die Menschen unterschiedliche Gaben haben?

3. Was schreibt Paulus in 1. Korinther 12 über die Frage, ob eine Gabe wichtiger ist als eine andere?

4. Wie sollten wir jede einzelne Gabe betrachten? Kannst du dir eine auffällige Gabe vorstellen, die eindeutig in der Gemeinde fehlen würde, wenn sie niemand einsetzen würde? Was ist mit einer weniger offensichtlichen Gabe – würden wir erkennen, dass sie fehlt, wenn niemand sie gebraucht?

Persönlich nachgedacht

Nimm dir einen Augenblick Zeit, um Gott dafür zu danken, dass er dich mit einer bestimmten Absicht geschaffen und dir genau die richtigen Gaben gegeben hat, um diese Absicht zu erfüllen. Schreibe auf, wie deine Gabe deiner Ansicht nach dem Leib Christi (der Gemeinde) helfen kann, eine Einheit zu bilden und wie ein Leib zu funktionieren. Wenn du dir hinsichtlich deiner Gaben nicht sicher bist, bitte Gott, dir zu zeigen, wie dein einzigartiger Beitrag in deiner Gemeinde aussehen könnte. Du kannst auch deine Gruppe oder den Leiter deiner Jugendarbeit bei der nächsten Gelegenheit fragen, mit welchen Gaben Gott dich ausgestattet haben könnte.

Persönlich erlebt

Zeichne ein großes Puzzleteil auf ein Blatt Papier und schneide es aus (oder verwende ein bereits vorhandenes Puzzleteil). Schreibe auf die eine Seite deinen Namen und deine Gaben (wenn du sie kennst). Lege das Puzzleteil in deinen Schuhkarton (du wirst es später noch einmal brauchen). Dieses Puzzleteil soll dein „Teilstück" oder deine Rolle im Leib Christi repräsentieren. Danke Gott dafür, dass er dir eine Rolle zugedacht hat, und bitte ihn, dich zu gebrauchen, um deiner Gemeinde zu dienen.

IMPULS 3

Die richtige Haltung

Am letzten Wochenende musste ich in meiner Gemeinde in der Arbeit mit den Kindern aushelfen. Ich wollte absolut nicht, aber mein Jugendpastor bettelte darum. Ich war die ganze Zeit darüber frustriert, dass mein Jugendpastor mich dazu überredet hatte. Aber dann fiel mir ein, dass Gott uns auffordert, einander zu dienen, und dass wir Gott eine Freude machen, wenn wir anderen dienen. Der Gedanke daran, dass mein Dienst wichtiger war als ich selbst, dass es das war, was Gott wollte, half mir dabei, eine andere Einstellung zu der ganzen Sache zu bekommen. Ich fühlte mich dann richtig gut, und als die Kinderstunde vorbei war, war ich richtig stolz, dass ich ausgeholfen hatte!

Jade, 14

Persönlich gesehen

Markiere oder unterstreiche die folgenden Verse in deiner Bibel:

Persönlich gefragt

1. Warum ist die Liebe so wichtig für das richtige „Funktionieren" von Gaben?

>> Epheser 4,16
„Von ihm her wird der ganze Leib zu einer Einheit zusammengefügt und durch verbindende Glieder zusammengehalten und versorgt. Jeder einzelne Teil erfüllt seine Aufgabe und so wächst der ganze Leib und baut sich durch die Liebe auf."

>> 1. Korinther 13,3
„. . . aber ich habe keine Liebe – dann nützt es mir nichts."

>> Epheser 6,7
„Tut eure Arbeit mit Lust und Liebe, als Leute, die nicht Menschen dienen, sondern dem Herrn."

2. Inwiefern verändert es deine Einstellung, wenn du weißt, dass Gott dich belohnen wird und dass du letztlich Gott und nicht Menschen dienst?

3. Bestimmte Gaben zu haben bedeutet nicht, dass wir andere Aufgaben nicht erledigen müssen. Wie sollen wir alle dienen, ganz unabhängig von unseren Gaben?

4. Inwiefern verändert sich die Art und Weise, wie du deine Gaben einsetzt, wenn du dabei eine liebevolle Haltung hast? Wenn du anderen Menschen so dienen würdest, wie Christus dir gedient hat, was würde sich dann an der Art deines Dienens ändern?

5. Wie steht es um deine Einstellung, wenn du anderen dienst?

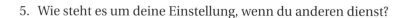

1	2	3	4	5	6	7	8	9	10

Das soll jemand anderer machen.　　　　Na gut, wenn es denn sein muss.　　　　Ich diene anderen wirklich gerne.

Persönlich nachgedacht

Was muss sich verändern, wenn du anderen dienst, damit deine Einstellung mehr wie die von Jesus ist? Schreibe ein paar Beispiele auf – etwa, dass du dich daran erinnern musst, dass du Gott dienst; daran denkst, was du bewirken kannst, wenn du deinen Teil der Arbeit übernimmst; oder dich daran erinnerst, dass dein Beitrag für Gott wichtig ist, egal, wie groß oder klein er ist. Bitte Gott, dir dabei zu helfen, dich auf diese Wahrheiten zu konzentrieren, wenn du anderen dienst.

Schreibe „Liebe" auf eine Karteikarte und darunter „D – L = 0". Diese Gleichung steht für die Tatsache, dass Dienst ohne Liebe gleich null ist. Lege diese Karteikarte in deine Schuhschachtel. Dann bitte Gott im Gebet, dir eine liebevolle Haltung zu schenken. Halte morgen nach Gelegenheiten Ausschau, anderen mit der richtigen Haltung zu dienen.

Der richtige Wein

Gott möchte, dass wir geistliche Früchte (gute Werke) produzieren. Unsere Gaben versetzen uns dazu in die Lage, Frucht zu bringen. Und eigentlich produzieren auch nicht wir die Früchte, sondern Gott. Damit unsere Gaben Frucht bringen können, müssen wir durch Jesus bestimmte Nährstoffe erhalten. Ohne ihn können wir nichts und unsere Gaben werden keine dauerhaften Früchte hervorbringen.

Persönlich gesehen

Markiere oder unterstreiche in deiner Bibel diese Verse:

Persönlich gefragt

1. Was braucht eine Rebe, um Frucht zu bringen? Warum?

> **>> Johannes 15,1.4–5:**
> „[Jesus spricht:] ‚Ich bin der wahre Weinstock und mein Vater ist der Weinbauer. [. . .] Bleibt mit mir vereint, dann werde auch ich mit euch vereint bleiben. Nur wenn ihr mit mir vereint bleibt, könnt ihr Frucht bringen, genauso wie eine Rebe nur Frucht bringen kann, wenn sie am Weinstock bleibt. Ich bin der Weinstock und ihr seid die Reben. *Wer mit mir verbunden bleibt, so wie ich mit ihm, bringt reiche Frucht. Denn ohne mich könnt ihr nichts ausrichten.*‘"

2. Für was steht das Bild der Rebe im Leben eines Christen? Wofür steht der Weinstock?

3. Was bedeutet es deiner Meinung nach, „in Christus zu bleiben"?

4. Was bedeutet das für dich als Nachfolger Jesu? Was bedeutet es für die geistliche Frucht in deinem Leben?

Bist du eine gesunde Rebe, die viel Frucht bringt? Fruchtbarkeit lässt sich unter anderem dadurch messen, dass man über die Liste der Früchte des Geistes nachdenkt, die Paulus in Galater 5, Verse 22 bis 23 zusammengestellt hat (siehe unten). Bewerte mit Hilfe der folgenden Skalen ehrlich deine geistliche Fruchtbarkeit. Beziehe dich dabei auf deinen Dienst vom vergangenen Monat. Denke dabei an konkrete Dinge oder Situationen und nimm diese als Grundlage für deine Bewertung. Das ist besser, als einfach nur zu raten. Kreise auf jeder Skala die Ziffer ein, die dich am besten beschreibt.

Liebe

Wie liebevoll war deine Einstellung gegenüber Gott und gegenüber den Menschen, denen du gedient hast?

abnehmend   zunehmend

1   2   3   4   5

Freude

Machte dir dein Dienst Freude oder empfandest du ihn als lästige Pflicht?

abnehmend   zunehmend

1   2   3   4   5

Friede

Wie zufrieden warst du mit deinen Gaben und mit deinem Einsatzort?

abnehmend   zunehmend

1   2   3   4   5

Geduld

Wie großzügig und flexibel warst du, wenn nicht alles so lief, wie du es dir vorgestellt hattest?

abnehmend   zunehmend

1   2   3   4   5

Freundlichkeit

Wie oft hast du andere ermutigt und bestätigt?

abnehmend   zunehmend

| 1 | 2 | 3 | 4 | 5 |

Güte

Hast du nur das absolute Minimum geleistet oder bist du die Extra-Meile mitgegangen?

abnehmend   zunehmend

| 1 | 2 | 3 | 4 | 5 |

Treue

Hast du alles erledigt, was du vorher zu tun versprochen hattest?

abnehmend   zunehmend

| 1 | 2 | 3 | 4 | 5 |

Bescheidenheit

Warst du bereit, dir Zeit zu nehmen, wenn jemand ein tröstendes Wort oder ein offenes Ohr brauchte?

abnehmend   zunehmend

| 1 | 2 | 3 | 4 | 5 |

Selbstbeherrschung

Warst du in der Lage, auch dann eine dienende Haltung zu bewahren, wenn dir nicht danach war?

abnehmend   zunehmend

| 1 | 2 | 3 | 4 | 5 |

Schreibe auf eine Karteikarte eine oder zwei Früchte des Geistes, bei denen du dir Gottes Unterstützung wünschst. Lege die Karte in deinen Schuhkarton. Bitte Gott, dir die Haltung zu schenken, die sich in den Früchten des Geistes widerspiegelt, und dir besonders in dem Bereich/in den Bereichen zu helfen, bei denen deine Tendenz eher „abnehmend" ist. Bitte Gott, dir morgen dabei zu helfen, die Bereiche erfolgreich zu bewältigen, in denen du seine Hilfe brauchst. Denke daran: Gott wünscht sich für dich, dass du viel Frucht bringst.

Die Gemeinde – die Hoffnung für die Welt

Wenn wir unsere Gaben mit einer dienenden Haltung einsetzen, vollzieht sich in uns und durch uns eine tolle Veränderung. Unser Stolz wird gebrochen, unsere Einstellung wird positiv und unser ganz normales Leben wird zu einem spannenden Abenteuer voller Hoffnung und Grund zum Feiern. Alles beginnt heute mit der richtigen Vision für die Zukunft und dem richtigen Plan, wie du dich von Gott beim Aufbau seines Reiches einsetzen lassen kannst. Von Gott gebraucht zu werden kann zu den erfüllendsten Erfahrungen deines Lebens werden!

Persönlich gesehen

Markiere oder unterstreiche in deiner Bibel die folgenden Verse:

Persönlich gefragt

1. Ein Eckstein ist der Stein, der ein Bauwerk vollendet und alles zusammenhält. Inwiefern ist Christus der Eckstein der Gemeinde?

>> **Epheser 2,20–21**
„Denn ihr seid ja in den Bau eingefügt, dessen Fundament die Apostel und Propheten bilden, und der Eckstein im Fundament ist Jesus Christus. *Durch ihn wird der ganze Bau zusammengehalten, durch ihn, den Herrn, wächst er auf zu einem heiligen Tempel.*"

>> **Matthäus 25,21**
„[In einem Gleichnis erzählt Jesus:] ‚Sehr gut', sagte sein Herr, ‚*du bist ein tüchtiger und treuer Diener.* Du hast dich in kleinen Dingen als zuverlässig erwiesen, darum werde ich dir auch Größeres anvertrauen. Komm zum Freudenfest deines Herrn!'"

2. Was sagt das Gleichnis Jesu aus Matthäus 25 darüber aus, wie wir an unsere Aufgaben herangehen sollen, selbst an ganz kleine Aufgaben?

3. Warum wollte der Herr (vgl. Matthäus 25) wohl, dass sein Diener erst in kleinen Dingen treu war, bevor er ihm größere Verantwortung übertrug?

Persönlich nachgedacht

Was machst du gerade, um etwas für Gott zu bewegen? Liste die Schritte auf, die du gehen musst, um dich mehr in deine Jugendarbeit oder deine Gemeinde einzubringen. Bitte Gott, dir dabei zu helfen, in kleinen und großen Dingen treu zu sein, damit du dabei sein kannst, wenn er die Welt durch junge, treue Menschen wie dich verändert.

Persönlich erlebt

Hole noch einmal das Puzzleteil heraus, das du vor ein paar Tagen in deinen Karton gelegt hast. Schreibe auf die Rückseite des Puzzleteils die Worte aus Matthäus 25: „Sehr gut, du bist ein tüchtiger und treuer Diener, _____", und füge deinen Namen hinzu. Lege das Puzzleteil zurück in deine Schachtel. Danke Gott dafür, dass er dich gebrauchen möchte; dass er dich dazu ausgerüstet hat; dass er dir die nötigen Gaben gegeben hat; dass er dich berufen hat; dass er dir vergeben hat; dass er einen Plan für dein Leben hat. Sage Gott, wie sehr du dir wünschst, die Worte „Sehr gut, du bist ein tüchtiger und treuer Diener" von ihm zu hören. Bitte Gott, dich und die Gaben, die er dir gegeben hat, zu gebrauchen, damit du anderen dabei helfen kannst, eine Gemeinde nach dem Vorbild von Apostelgeschichte 2 zu bauen.

Öffne deine Schachtel, und schau dir noch einmal alles an, was du gelernt hast. Danke Gott zwischendurch immer wieder mal für deine Erkenntnisse. Bringe die Schachtel zum nächsten Gruppentreffen mit und erzähle den anderen von deinen Erfahrungen.

EINHEIT 10

Gute Haushalterschaft

Teil 1: Und was ist mit dem Geld?

Die Woche im Rückblick

1. Beschreibe den übrigen Teilnehmern der Gruppe, was für dich während der täglichen Impulse die wertvollste Erkenntnis war.

2. Beschreibe die für dich wertvollste praktische Aktivität.

3. Wähle ein Stück aus deiner Schuhschachtel aus, das für dich eine besonders wichtige Lernerfahrung repräsentiert. Erzähle den anderen, warum es für dich diese Bedeutung hat.

4. Was hast du sonst noch entdeckt, als du im Inhalt deiner Schachtel gestöbert hast? Welche Erkenntnisse hattest du?

5. Welche Fragen oder Bedenken haben die täglichen Impulse bei dir ausgelöst?

Franz stammte aus einer wohlhabenden Familie. Aber eines Tages vernahm er den Ruf Gottes, in den Dienst zu gehen, und er fing an, etwas von dem Besitz seines Vaters zu verkaufen, um Geld für seine Arbeit zu bekommen. Nun, sein Vater war nicht mit Franz' Berufung einverstanden und verlangte das Geld zurück. Er brachte Franz vor ein Gericht und der Richter stellte sich auf die Seite des Vaters. Daraufhin gab Franz seinem Vater alles, was er besaß, sogar die Kleider, die er am Leib trug, und verließ das Gericht nackt. Als er seinem Vater seine Kleider aushändigte, sagte Franz: „Ich werde dich nicht länger meinen Vater nennen; mein Vater im Himmel ist mein einziger Vater."

So begann der Dienst von Franz, den wir heute als den Heiligen Franz von Assisi kennen. Anfang des 13. Jahrhunderts führte Franz von Assisi eine der gewaltigsten Erneuerungsbewegungen der Kirchengeschichte an; er verließ sich radikal darauf, dass Gott jedes seiner Bedürfnisse stillen würde, und schwor, keinen eigenen Besitz mehr zu haben. Er ist ein inspirierendes Beispiel für die Freiheit, die Gott uns schenken will. Er ist außerdem das Beispiel für einen Menschen, dem klar war, dass alles, was er besaß, im Grunde Gott gehörte. Er war nicht mehr als ein Verwalter all dessen, was Gott ihm anvertraut hatte.

Wenn wir Christen werden, empfangen wir Vergebung unserer Sünden (*Gnade*) und unterstehen nicht länger der Herrschaft der Sünde – das heißt, wir sind frei, weil Gott der Herr unseres Lebens wird. Jesus nachzufolgen bedeutet, Gott zu erlauben, unser Leben zu leiten, damit Sünde und Egoismus nicht länger Kontrolle über uns haben können. Paulus fragt ganz direkt: „Gott selbst ist für uns, wer will sich dann gegen uns stellen?" (Römer 8,31). Als Nachfolger Jesu genießen wir die unglaubliche Freiheit, ein Leben zu führen, das sich nicht länger den Maßstäben der Welt anpassen muss, sondern von Gott völlig verändert wird (Römer 12,1–2). Darum geht es bei *geistlichem Wachstum*. Gott gibt uns spezielle Fähigkeiten (*Gaben*) zum Aufbau der Gemeinde und um andere in einer Gemeinschaft (*Gruppe*) zu unterstützen und zu lieben, in der sich jeder um den anderen kümmert, ihn herausfordert und ermutigt. Beim letzten G, mit dem wir uns beschäftigen wollen, geht es um die Frage, wie wir ganz praktisch Verwalter Gottes sein können. Gott möchte, dass wir „gute Haushalter" sind. Ein Haushalter ist jemand, der dafür bezahlt wird, den Besitz, die Finanzen oder die Angelegenheiten eines anderen Menschen zu verwalten. Der Herr des Universums hat uns auserwählt, damit wir ihm dabei helfen, seine Angelegenheiten zu regeln.

1. Wenn ihr hört, dass Gott euch freigemacht hat, an welche Art von Freiheit denkt ihr dann ganz spontan?

2. Habt ihr diese Freiheit im Leben schon einmal gespürt? Warum oder warum nicht?

3. Welche Botschaft in Bezug auf Geld und Besitz habt ihr in unserer Gesellschaft gehört? Was habt ihr beispielsweise darüber gehört, wie wichtig es ist, viel Geld zu verdienen, um die „richtigen" Dinge zu besitzen und so glücklich und zufrieden sein zu können? Wenn ihr die folgenden Texte lest, dann denkt darüber nach, inwieweit die Botschaften unserer Gesellschaft sich mit Gottes Wahrheiten über Frieden und Zufriedenheit decken.

Gemeinsam gelesen

Lest gemeinsam Psalm 145, Verse 14 bis 16 und Matthäus 6, Verse 32 bis 34.

>> Psalm 145,14–16

„Er stützt alle, die zusammenbrechen, er richtet die Niedergebeugten auf. Alle blicken voll Hoffnung auf dich und jedem gibst du Nahrung zur rechten Zeit. Du öffnest deine wohltätige Hand, und alles, was lebt, wird satt."

>> Matthäus 6,32–34

„[Jesus spricht:] ‚Mit all dem plagen sich Menschen, die Gott nicht kennen. Euer Vater im Himmel weiß, dass ihr all das braucht. Sorgt euch zuerst darum, dass ihr euch seiner Herrschaft unterstellt und tut, was er verlangt, dann wird er euch schon mit all dem anderen versorgen. Quält euch also nicht mit Gedanken an morgen; der morgige Tag wird für sich selber sorgen. Es genügt, dass jeder Tag seine eigene Last hat.'"

Gemeinsam entdeckt

1. Wenn man von diesen Texten ausgeht: Wie stark ist Gott an der Befriedigung unserer ganz alltäglichen Bedürfnissen beteiligt?

2. Wie hat Gott euch mit dem versorgt, was ihr heute braucht?

3. Warum fordert Jesus uns auf, uns über morgen keine Sorgen zu machen?

4. Was empfindet ihr, wenn ihr euch bewusst macht, dass Gott alle eure Bedürfnisse erfüllen wird? Inwiefern macht euch das frei? Was macht es euch so schwer, wirklich zu glauben, dass das stimmt?

Gemeinsam erlebt

Das Leben in Freiheit und Vertrauen auf Gottes Führung zu leben bedeutet zu erkennen, dass wir alles, was wir besitzen, von Gott erhalten haben. Es gehört nicht uns – es gehört Gott. Schaut euch doch mal die folgenden Skalen an und bewertet, wo ihr auf jeder Skala steht. Wenn ihr diese Aufgabe in Einzelarbeit erledigt habt, setzt euch in Zweier- oder Dreiergruppen zusammen und tauscht euch über eure Ergebnisse aus.

| 1 | 2 | 3 | 4 | 5 | 6 | 7 | 8 | 9 | 10 |

Mein Geld gehört mir.   Mein Geld gehört Gott.

| 1 | 2 | 3 | 4 | 5 | 6 | 7 | 8 | 9 | 10 |

Mein Besitz gehört mir.   Mein Besitz gehört Gott.

| 1 | 2 | 3 | 4 | 5 | 6 | 7 | 8 | 9 | 10 |

Mein Körper gehört mir.   Mein Körper gehört Gott.

| 1 | 2 | 3 | 4 | 5 | 6 | 7 | 8 | 9 | 10 |

Meine Zeit gehört mir.   Meine Zeit gehört Gott.

| 1 | 2 | 3 | 4 | 5 | 6 | 7 | 8 | 9 | 10 |

Meine Begabungen gehören mir.   Meine Begabungen gehören Gott.

Tauscht euch in der Gruppe darüber aus, wann es euch schwer fällt, Gott zu vertrauen, und warum. Schließt gemeinsam im Gebet ab; dabei kann jeder die Bereiche nennen, in denen er Probleme hat, Gott wirklich zu vertrauen. Bittet Gott, euch in den nächsten Wochen beizubringen, ein guter Verwalter für alles zu sein, was er euch gegeben hat.

EINHEIT

10

Impulse für den Alltag

EINHEIT 10

Gute Haushalterschaft

Teil 1: Und was ist mit dem Geld?

In den nächsten beiden Einheiten werden wir uns damit beschäftigen, wie wir Gott Ehre machen können, indem wir in jedem Lebensbereich gute Verwalter sind: Geld, Besitz, Zeit, Begabungen und unser Körper. Dies ist der nächste Schritt auf dem Weg, wenn es darum geht, geistliche Veränderung zu verstehen.

Wessen Geld?

Fernsehshows, Werbesendungen, Reklametafeln und vieles mehr bombardieren uns mit der Botschaft, dass es nur ums Geld geht. Vielleicht fangen wir schon an zu glauben, dass wir nur mit ganz viel Geld glücklich werden können. Es ist nicht schlimm, Geld zu besitzen; schwierig wird es erst, wenn das Geld uns beherrscht. Da Gott wusste, dass Geld für uns zum Problem werden könnte, geht es in der Bibel oft um dieses Thema. In dieser Woche wollen wir uns mit Gottes Haltung zum Geld beschäftigen. Jetzt ist für dich die Zeit gekommen, dich mit der wahren Bedeutung von Haushalterschaft zu beschäftigen und zu überlegen, was es für dich ganz praktisch bedeuten könnte.

Persönlich gesehen

Markiere oder unterstreiche diese Verse in deiner Bibel. Dann kreise in jedem Textabschnitt zwei Wörter ein, die dich daran erinnern, woran du arbeiten musst.

>> **Levitikus 27,30**
„Der zehnte Teil von jeder Ernte an Getreide und Früchten gehört als heilige Abgabe dem Herrn."

>> **Sprichwörter 3,9**
„Ehre den Herrn mit deinen Opfergaben; bringe ihm das Beste vom Ertrag deiner Arbeit."

>> **Apostelgeschichte 20,35**
„Überhaupt habe ich [Paulus] euch mit meiner Lebensführung gezeigt, dass wir hart arbeiten müssen, um auch den Bedürftigen etwas abgeben zu können. Wir sollen uns immer an das erinnern, was Jesus, der Herr, darüber gesagt hat. Von ihm stammt das Wort: ‚Auf dem Geben liegt mehr Segen als auf dem Nehmen.'"

Persönlich gefragt

1. Warum bittet Gott wohl nur um zehn Prozent (vgl. Levitikus 27,30) und überlässt uns 90 Prozent? Was sagt dies über Gottes Großzügigkeit aus?

2. Was bedeutet es, jemanden zu ehren (vgl. Sprichwörter 3,9)? Inwiefern ehrt es Gott, wenn wir Geld spenden?

3. Inwiefern liegt auf dem Geben mehr Segen als auf dem Nehmen (vgl. Apostelgeschichte 20,35)? Fällt dir eine Situation ein, in der du dich wirklich gesegnet gefühlt hast, als du jemandem etwas gegeben hast?

Persönlich nachgedacht

Egal, ob du viel oder wenig Geld hast – es ist wichtig zu lernen, wie du angemessen mit dem umgehst, was Gott dir gegeben hat. Jetzt ist eine gute Gelegenheit, um Gottes Haltung zum Geld zu übernehmen und damit gegen die „Gib mir mehr"-Haltung anzukämpfen, die unsere Gesellschaft propagiert. Das Mehr-Monster taucht schon früh in unserem Leben auf, aber es ist wichtig zu verstehen, dass es nie deine Seele zufrieden stellen kann.

Denke einen Augenblick lang darüber nach, wie stark du von der Gesellschaft beeinflusst bist und tatsächlich glaubst, dass Geld glücklich macht. Formuliere hier ein kurzes Gebet, in dem du Gott bittest, dir Weisheit und Unterscheidungsfähigkeit zu geben, damit du diese Lügen über das Geld nicht mehr glaubst. Bitte Gott, dir zu helfen, zufrieden zu sein und darauf zu vertrauen, dass er deine Bedürfnisse erfüllen wird.

Persönlich erlebt

Noch einmal: Gott sagt, dass auf dem Geben mehr Segen liegt als auf dem Nehmen. Überlege dir mindestens eine Möglichkeit, wie du morgen in der Schule zum Gebenden statt zum Nehmenden werden kannst. Achte darauf, welche Gelegenheiten Gott dir eröffnet.

Schuldenfrei

Hast du dich schon einmal bei den folgenden Aussagen ertappt: „Ich *brauche* einen neuen Computer", oder: „Ich *brauche* diese Schuhe"? Zwischen einem *Wunsch* und einem *Bedürfnis* liegt ein großer Unterschied. Du *brauchst* keinen neuen Computer oder neue Schuhe – du *willst* sie haben. Du *brauchst* etwas zu essen, Wasser und Sauerstoff. Wenn wir anfangen, von Wünschen als Bedürfnissen zu denken, beginnen wir zu glauben, dass wir sie verdienen oder dass wir sogar ein Recht darauf haben. Statt dankbar zu sein, dass unsere Bedürfnisse erfüllt sind, konzentrieren wir uns darauf, dass unsere Wünsche erfüllt werden, und vergessen darüber, „danke" zu sagen.

Es ist nicht falsch, Wünsche zu haben, aber wenn wir den Unterschied zwischen Wünschen und Bedürfnissen nicht kennen, könnte es eines Tages dazu kommen, dass wir von unseren Wünschen kontrolliert werden. Aus diesem Grund verschulden sich manche Menschen, weil sie um jeden Preis alles haben wollen, was sie ins Auge gefasst haben, *und zwar sofort*. Sie geben Geld aus, das sie nicht haben. Das nennt man dann „Schulden machen". Wir haben Schulden, wenn wir jemandem Geld schuldig sind. Sie entstehen, wenn wir etwas gleich kaufen, aber später bezahlen. Das Problem tritt vor allem dann auf, wenn Menschen zu viel auf einmal wollen – ein großes Haus, eine neue Stereoanlage, einen großen Fernseher und so weiter – und auf diese Weise so viele Schulden anhäufen, dass ihr Leben von ihren Schulden kontrolliert wird. Sie werden zu Gefangenen ihres Besitzes. Für viele Erwachsene ist das ein riesiges Problem, weil sie den Rest ihres Lebens arbeiten müssen, um ihre Schulden abzutragen. Aus diesem Grund ist es so wichtig, dass du dich möglichst früh mit Gottes Weisheit zu diesem Thema beschäftigst.

Persönlich gesehen

Markiere oder unterstreiche die folgenden Verse in deiner Bibel:

>> **Römer 13,8**
„Bleibt niemand etwas schuldig – außer der Schuld, die ihr niemals abtragen könnt: der Liebe, die ihr einander erweisen sollt."

>> **Hebräer 13,5**
„Seid nicht hinter dem Geld her, sondern seid zufrieden mit dem, was ihr habt. Gott hat doch gesagt: ‚Niemals werde ich dir meine Hilfe entziehen, nie dich im Stich lassen.'"

>> **1. Timotheus 6,17**
„Ermahne die, die im Sinne
dieser Welt reich sind,
nicht überheblich zu werden.
Sie sollen ihr Vertrauen nicht auf etwas
so Unsicheres wie den Reichtum setzen,
der wieder zerrinnen kann;
vielmehr sollen sie auf Gott
vertrauen, der uns alles reichlich
gibt, wenn wir es
brauchen."

1. Was sind laut Paulus die einzigen Schulden, die wir haben sollen (vgl. Römer 13,8)?

2. Was bedeutet es deiner Meinung nach, wenn man auf Gott und nicht auf Geld vertraut? Kennst du Beispiele von Menschen, die sich auf ihr Geld verlassen? Inwiefern verändert es unseren Umgang mit unseren Wünschen, wenn wir in erster Linie auf Gott vertrauen?

3. Warum gibt Gott uns alles reichlich, wenn wir etwas brauchen (vgl. 1. Timotheus 6,17)?

Persönlich nachgedacht

Schreibe hier alles auf, was du jetzt gerade brauchst oder dir wünschst. Wovon träumst du, worum bittest du, wonach sehnst du dich? Das können Dinge, Ereignisse, Beziehungen etc. sein.

Kreise in deiner Liste die Dinge ein, ohne die du buchstäblich nicht leben könntest. Das sind deine Grundbedürfnisse. Dann streiche die Dinge durch, deren Fehlen dein Leben nicht wirklich beeinträchtigen würde. Das sind deine Wünsche (Wünsche sind an sich nicht schlecht oder unwichtig; es geht hier nur darum, sie nicht als Bedürfnisse zu behandeln, wenn es sich in Wirklichkeit um Wünsche handelt). Wenn dann in deiner Liste noch etwas übrig ist, versuche, es in die Kategorie „Bedürfnis" oder „Wunsch" einzuordnen, je nach dem, wie stark dein Leben beeinträchtigt wäre, wenn du es nicht hättest. Wenn du deine Bedürfnisse von deinen Wünschen abgegrenzt hast, denke darüber nach, inwiefern du jetzt anders über diese Dinge denkst als vor dieser Übung. Hat sich etwas verändert, wenn du deine Wünsche in diesem Licht betrachtest? Warum oder warum nicht?

Persönlich erlebt

Frage ein paar Erwachsene in deiner Familie – Eltern, Großeltern, Tanten, Onkel etc. –, was sie vom Thema „Schulden" halten und ob sie zum Thema „Geld sparen" und „Geld ausgeben" ein paar Tipps für dich haben. Sage ihnen, dass du Gott mit allem, was er dir gegeben hat, ehren willst. Frage sie, ob sie Gottes Segen erlebt haben, wenn sie etwas gegeben oder gespendet haben.

Auf großem Fuß leben

Wir empfangen ständig die Botschaft, dass wir „auf großem Fuß leben" sollen, indem wir immer *mehr* haben: einen größeren Fernseher, ein neues Auto, ein schöneres Haus, teuren Schmuck. Das fördert unsere Unzufriedenheit und macht uns kritisch und unzufrieden mit dem, was wir haben. Wir reden uns allmählich selbst ein, dass unsere Sachen unzureichend sind: „Unser Auto ist zu alt, oder ich wünschte, wir würden in einem größeren Haus leben." Die Bibel warnt uns davor, in diese Falle zu tappen, und malt uns die negativen Folgen des Immer-*mehr*-Wollens vor Augen.

Persönlich gesehen

Markiere oder unterstreiche die folgenden Verse in deiner Bibel:

Persönlich gefragt

1. Welche Gefahr besteht laut 1. Timotheus 6, wenn man unbedingt reich sein möchte?

> **>> 1. Timotheus 6,9–10**
> „Wer unbedingt reich werden möchte, gerät in Versuchung. Er verfängt sich in unsinnigen und schädlichen Wünschen, die ihn zu Grunde richten und ins ewige Verderben stürzen. *Denn Geldgier ist eine Wurzel alles Bösen.* Manche sind ihr so verfallen, dass sie dem Herrn untreu wurden und sich selbst die schlimmsten Qualen bereiteten."

> **>> Philipper 4,12–13.19**
> *„Ich kann Not leiden, ich kann im Wohlstand leben; mit jeder Lage bin ich vertraut. Ich kenne Sattsein und Hungern, ich kenne Mangel und Überfluss. Allem bin ich gewachsen durch den, der mich stark macht. [...]* Gott, dem ich diene, wird euch alles geben, was ihr braucht, so gewiss er euch durch Jesus Christus am Reichtum seiner Herrlichkeit teilhaben lässt."

2. Viele Menschen denken, dieser Vers besage, dass Geld an sich die Wurzel des Bösen sei – aber das meint dieser Vers nicht! Was ist die Wurzel alles Bösen?

3. Warum kann deiner Meinung nach das Streben nach Geld Menschen dazu veranlassen, „dem Herrn untreu zu werden"?

4. Wer kann und wird unser Leben lang alle unsere Bedürfnisse stillen (vgl. Philipper 4)?

5. Worin besteht Paulus' Geheimnis (vgl. Philipper 4), das ihn mit jeder Situation zurechtkommen lässt?

6. Was würde Paulus als eine gesunde Haltung zum Geld bezeichnen?

Persönlich nachgedacht

Paulus schreibt in Philipper 4, Vers 12, dass er gelernt hat, mit dem zufrieden zu sein, was er hat, egal, ob es viel oder wenig ist. Wie zufrieden bist du mit dem, was Gott dir gegeben hat? Schreibe hier einen kurzen Brief an Gott, in dem du ihm für das dankst, was du hast. Bitte ihn, dir mehr Zufriedenheit zu schenken und dich davor zu bewahren, *mehr* zu wollen oder dich und deine Situation mit anderen zu vergleichen.

Persönlich erlebt

Wie lange ist es her, dass du deiner Mutter oder deinem Vater für die Dinge gedankt hast, mit denen sie dich versorgen? Schreibe ihnen eine Karte, danke ihnen, und bitte sie, wenn nötig, um Vergebung, wenn du ihnen in der Vergangenheit zu verstehen gegeben hast, dass sie nicht genug für dich tun. Bitte Gott, dir die richtigen Worte zu geben, wenn du deine Karte schreibst. Dann danke ihm für deine Eltern und alles, was sie dir geben.

Ein freudiger Geber sein

Gott möchte nicht, dass wir geben, weil wir uns dazu verpflichtet fühlen. Er schaut auf unser Herz. Er möchte, dass wir gerne und aus Mitgefühl geben. Wenn wir mit einer solchen Einstellung geben, gibt Gott uns auf vielerlei Weise viel mehr zurück. Er ist wie ein Vater, der sieht, dass sein Kind Spielsachen oder etwas zu essen mit anderen teilt. Dieser Vater möchte seinem Kind noch mehr geben, weil er stolz auf die Großzügigkeit seines Kindes ist. Wie viel mehr wird Gott uns geben, wenn er unser freigiebiges Herz sieht!

Persönlich gesehen

Markiere oder unterstreiche diese Verse des Apostels Paulus in deiner Bibel:

Persönlich gefragt

1. Inwiefern kann man Geben mit einem Bauern vergleichen, der Saat aussät? Für was steht in Paulus' Vergleich wohl die reiche Ernte?

2. Wonach schaut Gott, wenn wir geben, und warum?

>> **2. Korinther 9,6–8**

„Denkt daran: Wer spärlich sät, wird nur wenig ernten. Aber wer mit vollen Händen sät, auf den wartet eine reiche Ernte. Jeder soll so viel geben, wie er sich in seinem Herzen vorgenommen hat. *Es soll ihm nicht Leid tun, und er soll es auch nicht nur geben, weil er sich dazu gezwungen fühlt. Gott liebt fröhliche Geber!* Er hat die Macht, euch so reich zu beschenken, dass ihr nicht nur jederzeit genug habt für euch selbst, sondern auch noch anderen reichlich Gutes tun könnt."

>> **2. Korinther 8,11–12**

„Gebt so viel, wie es euren Möglichkeiten entspricht! *Wenn ihr etwas geben wollt, dann wird eure Gabe dankbar angenommen, sei es viel oder wenig – entsprechend dem, was ihr habt.*"

(Hoffnung für alle)

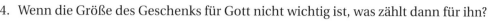

3. Wie belohnt Gott jemanden, der voller Freude gibt?

4. Wenn die Größe des Geschenks für Gott nicht wichtig ist, was zählt dann für ihn?

5. Was ist die beste Motivation fürs Geben?

Persönlich nachgedacht

Bewerte dich auf den drei folgenden Skalen. Kreise jeweils die Ziffer ein, die dich am besten beschreibt.

1. Welche Haltung hast du im Allgemeinen, wenn es darum geht, jemandem Geld zu geben oder zu helfen?

1	2	3	4	5	6	7	8	9	10

zögerlich   freudig

2. Denke an das letzte Mal, als du für jemanden ein Geschenk gekauft hast (von deinem eigenen Geld). Wie hast du dich dabei gefühlt?

1	2	3	4	5	6	7	8	9	10

zögerlich   freudig

3. Erinnere dich an das letzte Mal, als du Geld für einen Dienst oder deine Gemeinde gespendet hast. Wie hast du dich dabei gefühlt? (Sei ehrlich!)

1	2	3	4	5	6	7	8	9	10

zögerlich   freudig

Nun schau dir noch einmal deine Antworten an und denke darüber nach. Bitte Gott, dir die Haltung eines freudigen Gebers zu schenken.

Versuche, ein wenig zur Ruhe zu kommen. Bitte Gott, dir zu zeigen, welchen Bedürfnissen der Menschen in deinem Umfeld du begegnen sollst. Das kann so etwas Einfaches sein, wie jemandem etwas zu essen zu kaufen, jemanden ins Kino einzuladen oder der Ortsgemeinde, die gerade eine Paketaktion für Kinder in Afrika durchführt, abgelegte Kleidung oder Spielzeug zu geben. Beobachte einfach, was dir einfällt, wenn du auf Gott hörst. Bitte ihn, dir dabei zu helfen, gerne zu geben.

I5 *Der Segen*

Gott sagt ganz deutlich, dass er seine treuen Kinder belohnen will. Mit „treu" meint er nicht „Superchristen". Er meint damit ganz normale Christen wie dich und mich, die versuchen, nach dem zu leben, was wir über die fünf Gs lernen: Gnade, geistliches Wachstum, Gruppe, Gaben und gute Haushalterschaft. Christen, die in den kleinen Dingen treu sind, bekommen die Chance, sich auch in größeren Dingen zu bewähren. Die Frage ist – egal, wie groß oder klein die Dinge sind –, ob wir mit dem treu umgehen, was Gott uns anvertraut hat. Heute beschäftigen wir uns damit, wie sein Segen aussehen kann.

Persönlich gesehen

Markiere oder unterstreiche die folgenden Verse in deiner Bibel:

Persönlich gefragt

1. Wenn du etwas besitzt, welche Rechte meinst du dann auf das zu haben, was dir gehört?
   Was gehört nach Aussage von Psalm 24 Gott?
   Wenn Gott uns segnen möchte, was steht ihm dazu zur Verfügung?

> **>> Psalm 24,1**
> „Dem Herrn gehört die ganze Erde mit allem, was darauf lebt."

> **>> Maleachi 3,10**
> „‚Bringt den zehnten Teil eurer Erträge unverkürzt zu meinem Tempel, damit meine Priester nicht Hunger leiden. Habt keine Sorge, dass ihr dann selber in Not kommt! Stellt mich auf die Probe', sagt der Herr, der Herrscher der Welt, *‚macht den Versuch, ob ich dann nicht die Fenster des Himmels öffne und euch mit Segen überschütte!'*"

> **>> Matthäus 25,21**
> „‚Sehr gut', sagte sein Herr, ‚du bist ein tüchtiger und treuer Diener. *Du hast dich in kleinen Dingen als zuverlässig erwiesen, darum werde ich dir auch Größeres anvertrauen.* Komm zum Freudenfest deines Herrn!'"

2. In welchem Ausmaß möchte Gott uns laut Maleachi segnen?

3. Wie möchte Gott unsere Treue belohnen? Welche Aufgaben hat Gott uns anvertraut, von denen er erwartet, dass wir sie treu erfüllen?

Persönlich nachgedacht

Gott möchte dein Leben segnen. Das hat er dir persönlich versprochen. Denke einen Augenblick lang darüber nach. Der Gott des Universums möchte dein Leben segnen – eine erstaunliche Tatsache! Von dir erwartet er nur, dass du ihn mit dem ehrst, was er dir gegeben hat, und ihm vertraust, indem du ihm etwas davon zurückgibst. Schreibe hier ein Gebet auf, in dem du Gott sagst, dass du ihn mit deinem Geld heute und dein Leben lang ehren und ihm vertrauen willst. Danke ihm schon jetzt für den Segen, mit dem er dich überschütten will.

Persönlich erlebt

Nimm dir einen Euro – er steht für all das Geld, das du jemals in deinem Leben besitzen wirst. Schreibe auf ein kleines Klebeetikett: „Es gehört dir", und klebe es auf den Euro. Klebe den Euro dann mit Tesa an deinen Spiegel. Wenn du die Worte „Es gehört dir" siehst, wirst du daran erinnert, dass alles, was du besitzt, Gott gehört, und das gilt auch für dein Geld. Betrachte dich selbst im Spiegel, und denke daran, dass Gott Segen über dein Leben ausgießen möchte.

11

EINHEIT

In der Gruppe

E11 EINHEIT 11
Gute Haushalterschaft

Teil 2: „Alles, was ich habe, gehört dir, Gott"

Die Woche im Rückblick

1. Beschreibe den übrigen Teilnehmern der Gruppe, was für dich während der täglichen Impulse die wertvollste Erkenntnis war.

2. Beschreibe die für dich wertvollste praktische Aktivität.

3. Welche Entdeckung hast du gemacht, als du jemandem ein Geschenk gemacht hast?

4. Welche Fragen oder Bedenken haben die täglichen Impulse bei dir ausgelöst?

Ich saß mit ein paar von meinen Freunden nach dem Gottesdienst noch zusammen. Die Pastorin, die in unserer Nähe saß, lehnte sich zu mir herüber und sagte: „Du hast eine angenehme Stimme. Es wäre toll, wenn du beim Musikteam mitmachen würdest." Zuerst dachte ich, dass sie einfach nur was Nettes sagen wollte, aber sie meinte es wirklich ernst. Für mich ist es toll, die Leute im Gottesdienst im Lobpreis leiten zu können. Es macht mir echt Spaß!

Mary, 15

In der Bibelgruppe wollte einer von uns wissen, wie viel Zeit wir online verbringen. Er sagte, er hätte darüber nachgedacht, wie viel Zeit er im Internet verschwende. Je länger wir darüber sprachen, desto klarer wurde mir, dass auch ich dort eine Menge Zeit verschwendete. So versprachen wir einander, dass wir etwas von der Zeit, die wir am Computer verbringen, sozusagen „spenden" und Gott zur Verfügung stellen würden – entweder indem wir in dieser Zeit ein Andachtsbuch oder in der Bibel lasen, beteten oder anderen Menschen halfen. Meine Beziehung zu Gott wurde dadurch enorm verbessert.

Matt, 13

Mein Freund Jon überredete mich dazu, morgens mit ihm zu joggen, um fit zu werden. Ich hasste Jogging, aber ich verbrachte gerne Zeit mit Jon. Nachdem wir beide das jetzt schon eine ganze Zeit lang machen, fällt es mir leichter. Ich merke, dass ich den ganzen Tag über mehr Energie habe. Meine Mutter meint, ich hätte auch Gewicht verloren (mag sein), aber ich weiß, dass ich mich besser fühle.

Gary, 17

Gott hat dich erschaffen, damit du zu seiner Ehre lebst. Er verspricht dir, das gute Werk in dir zu Ende zu bringen und dich zu einem ganz hingegebenen Nachfolger Jesu werden zu lassen. Unser Beitrag zu dieser Aufgabe besteht darin, ein guter Verwalter von allem zu sein, was Gott uns gegeben hat. Damit ist nicht nur unser Geld gemeint, sondern auch unsere Begabungen, unsere Zeit und unser Körper. Gott hat uns viele Gaben gegeben. Es ist nun an uns, ihm in irgendeiner Form das zurückzugeben, was er uns schon gegeben hat.

1. Gott hat euch Begabungen gegeben. Manche habt ihr vielleicht noch nicht einmal entdeckt – bei anderen seid ihr gerade dabei, sie zu entdecken. Was tut ihr, um die Begabungen, von denen ihr jetzt schon wisst, zur Ehre Gottes weiterzuentwickeln?

2. Wenn ihr bewerten solltet, wie gut ihr eure Zeit nutzt, wie würdet ihr euch einschätzen?

1	2	3	4	5	6	7	8	9	10

Ich habe meine Zeit überhaupt nicht im Griff.

Ich versuche, meine Zeit clever einzuteilen.

Ich verbringe meine Zeit gleichmäßig und effektiv mit unterschiedlichen Dingen.

3. Erklärt den anderen, warum ihr euch so bewertet habt.

4. Auch unsere körperliche Gesundheit ist ein Bereich, für den wir verantwortlich sind. Wie kümmerst du dich um deinen Körper, um zu zeigen, dass er ein wertvolles Geschenk Gottes ist?

>> Philipper 1,6
„Ich bin ganz sicher: Gott wird das gute Werk, das er bei euch angefangen hat, auch vollenden bis zu dem Tag, an dem Jesus Christus kommt."

>> 1. Timotheus 4,12
„Niemand soll dich verachten, weil du noch jung bist. Sei allen Glaubenden ein Beispiel mit deinem Reden und Tun, deiner Liebe, deinem Glauben und deiner Reinheit."

Gemeinsam gelesen

Lest gemeinsam Philipper 1, Vers 6 und 1. Timotheus 4, Vers 12.

Gemeinsam entdeckt

1. Was ist das „gute Werk", das Gott in euch begonnen hat?

2. Inwiefern motiviert und ermutigt uns das Wissen, dass Gott das zu Ende bringen wird, was er begonnen hat, dazu, alles zu geben, was wir haben?

3. Erwartet er von uns, das mit menschlicher Kraft zu tun? Warum oder warum nicht?

4. Könnt ihr von euch sagen, dass ihr Jesus ähnlicher geworden seid, seit Gott angefangen hat, an und in euch zu arbeiten?

5. Auf welche Weise können wir anderen ein Vorbild sein, wie es Paulus in 1. Timotheus 4, Vers 12 schreibt? Welche Rolle spielt unser Alter dabei, ob wir anderen ein gutes Vorbild sind oder nicht?

Gemeinsam erlebt

Verteilt Karteikärtchen an alle Mitglieder der Gruppe. Jeder soll die folgende Aufgabe für sich erledigen. Schreibt „Alles, was ich habe" auf die Karte. Verbringt ein paar Minuten im Gebet, dankt Gott dafür, dass er euch zu etwas Erstklassigem machen will. Fragt euch selbst, ob ihr bereit seid, das folgende Gebet zu sprechen: „Herr, ich bin bereit, dir alles zu geben, was ich habe und bin" (ihm also das völlige Besitzrecht an allem einzuräumen, was er euch gegeben hat). Wenn ihr dazu bereit seid, dann unterschreibt die Karteikarte. Schließt mit Gebet ab und sagt Gott, was das für euch konkret bedeutet. Nehmt die Karte mit, wenn ihr euch wieder als Gruppe versammelt.

Zeit für Gemeinschaft

Setzt euch in einen Kreis. Jetzt soll jeder von euch reihum einer nach dem anderen seine Karteikarte in die Mitte des Kreises legen. Sagt dabei laut: „Herr, ich gebe dir alles, was ich habe." Wenn ihr das Gefühl habt, dass ihr noch nicht bereit seid, die Karte zu unterschreiben, erzählt den anderen kurz, was euch davon abhält. Schließt gemeinsam mit Gebet ab. Darin kann jeder von euch Gott für das danken, was er in seinem Leben tut.

EINHEIT 11

Gute Haushalterschaft

Teil 2: „Alles, was ich habe, gehört dir, Gott"

Im nächsten Abschnitt des Themas „Gute Haushalterschaft" geht es darum, wie man eine Haltung einnehmen kann, die zum Ausdruck bringt: „Alles, was ich habe, gehört dir, Gott – nicht nur mein Geld, sondern auch meine Zeit, mein Besitz, mein Körper und meine Begabungen. Es gehört alles dir, Gott."

Mehr haben, als man braucht

Hast du schon einmal in deinen Kleiderschrank geschaut und gesagt: „Ich habe nichts anzuziehen"? Hast du schon einmal in einen vollen Kühlschrank geschaut und erklärt: „Es ist nichts zu essen da"? Ein Schüler gestand: „Ich rannte aus dem Haus, sprang in meinen Wagen, legte meine neue CD ein, fuhr auf die Straße und stellte dann fest, dass ich mein Handy vergessen hatte. Ich sagte mir: ,Ich kann ohne mein Handy nirgendwo hingehen.'" Unser Leben ist mit einer Menge „Zeug" angefüllt – Spielzeug, Elektronik –, viel mehr, als wir jemals brauchen. Gott wünscht sich, dass wir das Leben genießen, aber er möchte auch, dass wir diejenigen nicht vergessen, die weniger wohlhabend sind. Er möchte, dass wir daran denken, uns für den Überfluss zu bedanken und gut zu verwalten, was er uns anvertraut hat.

Persönlich gesehen

Markiere oder unterstreiche die folgenden Verse in deiner Bibel:

>> **Sprichwörter 21,2–3**
„Der Mensch hält alles, was er tut, für einwandfrei; *Gott aber prüft die Beweggründe.* Tu, was in Gottes Augen recht und gut ist! Das ist ihm lieber als Opfergaben."

>> **1. Johannes 3,17–18**
„Angenommen, jemand hat alles, was er in der Welt braucht. Nun sieht er seinen Bruder Not leiden, verschließt aber sein Herz vor ihm. Wie kann er dann behaupten, er liebe Gott? Meine lieben Kinder, *unsere Liebe darf nicht nur aus schönen Worten bestehen.* Sie muss sich in Taten zeigen, die der Wahrheit entsprechen: der Liebe, die Gott uns erwiesen hat."

>> **Lukas 12,15.20–21**
„Dann sagte er zu allen: ,Gebt Acht! Hütet euch vor jeder Art von Habgier! *Denn der Mensch gewinnt sein Leben nicht aus seinem Besitz,* auch wenn der noch so groß ist.' [. . .] ,Aber Gott sagte zu ihm: »Du Narr, noch in dieser Nacht werde ich dein Leben von dir zurückfordern! Wem gehört dann dein Besitz?«' Und Jesus schloss: ,So steht es mit allen, die für sich selber Besitz aufhäufen, aber bei Gott nichts besitzen.'"

1. Was ist laut Sprichwörter 21 das Problem, wenn wir *denken*, dass das, was wir tun, in Ordnung ist? Was macht unser Handeln vor Gott *wirklich* richtig? Fallen dir Beispiele von Menschen ein, die das, was sie taten, für richtig hielten, was es aber in Wirklichkeit nicht war?

2. Was sagt es über Gott aus, wenn er das „Rechte und Gute" allen Opfergaben vorzieht?

3. An welchem Maßstab wird gemessen, ob wir jemanden lieben (vgl. 1. Johannes 3)?

4. Wie sollten wir demnach handeln, wenn wir Menschen in Not sehen?

5. Definiere „Habgier" mit deinen eigenen Worten. Wie gehst du als Christ mit Habgier um?

6. Warum nennt Jesus einen Menschen einen Narren, wenn dieser Reichtum einer lebendigen Beziehung mit Gott vorzieht (vgl. Lukas 12)?

Mache eine Bestandsaufnahme von allem, was du besitzt. Halte inne, schau dich um und halte alles fest, was dir gehört: Fernseher, Computer, Kleidung, Schuhe, Stereoanlage, Spiele, Bücher, CDs, vielleicht ein Auto. Sei konkret: sieben Paar Schuhe, sechs Pullover, eine Stereoanlage etc. Es geht bei dieser Übung darum, wahrzunehmen, wie viele Dinge du tatsächlich hast. Könnte sich Paulus' Warnung in Bezug auf die Liebe zum Geld (1. Timotheus 6,10) auch auf dich beziehen? Frage dich: „Gehört Gott mein Besitz wirklich? Behandle ich meine Sachen so, als ob sie ihm gehörten? Wenn sie mir weggenommen würden, würde ich dann darauf vertrauen, dass Gott alles unter Kontrolle hat?" Schreibe hier ein Gebet auf, in dem du Gott bittest, dir dabei zu helfen, ein guter Verwalter all der Dinge zu sein, die du besitzt. Bitte ihn, dir ein dankbares Herz zu schenken.

Versuche das, was du besitzt, aus Gottes Perspektive zu betrachten. Gibt es Dinge, die du nicht wirklich brauchst, die aber andere gebrauchen könnten? Überlege dir konkret einige Dinge, die du jemandem geben kannst, der entweder in Not ist oder in einer sozialen Einrichtung wohnt. Sprich mit deinen Eltern über deine Bereitschaft, anderen zu helfen; überlege dann gemeinsam mit ihnen, was du tun kannst.

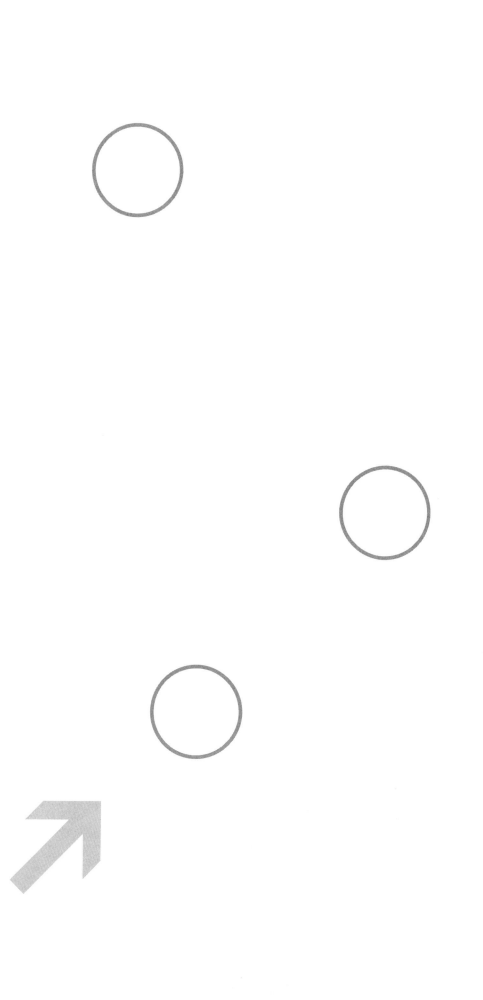

Auszeit

Lukas hatte bei seinem Computerspiel gerade die vierte Stufe erreicht; das Ganze hatte drei Stunden gedauert. Danach unterhielt er sich eine Stunde lang online mit seinen Freunden. Dann beschloss er, sich seinen Lieblingsfilm anzuschauen. Und schließlich rief er seinen besten Freund an, um sich mit ihm darüber auszutauschen, was sie am Abend unternehmen würden. Wir können eine ganze Menge Zeit mit Spaß und im Grunde unwichtigen Dingen verschwenden. Aber es gibt auch das andere Extrem: Wir können von Schule, Arbeit, Sport und Gemeinde so in Beschlag genommen sein, dass unser Tag scheinbar zu wenige Stunden hat. In beiden Fällen sollten wir uns die Frage stellen, ob wir gute Haushalter unserer Zeit sind. Zeit ist ein Geschenk Gottes. Unsere Zeit ist begrenzt und steht uns nur einmal zur Verfügung. Wie wir sie verbringen, ist sehr wichtig.

Persönlich gesehen

Markiere oder unterstreiche die folgenden Verse in deiner Bibel:

>> **Sprichwörter 6,6–8.10–11**
„Sieh dir die Ameise an, du Faulpelz!
Nimm dir ein Beispiel an ihr, damit du weise wirst!
Sie hat keinen Aufseher und keinen Antreiber.
Und doch sorgt sie im Sommer für ihre Nahrung und sammelt
zur Erntezeit ihre Vorräte. [. . .] ‚Nur ein kurzes Nickerchen‘,
sagst du, ‚nur einen Moment die Augen zumachen und die Hände in
den Schoß legen.‘ Und während du das tust, kommt die Armut zu dir wie
ein Landstreicher, und die Not überfällt dich wie ein Einbrecher."

>> **Sprichwörter 10,5**
„Wer gescheit ist, erntet, wenn das Korn reif ist; wer die Erntezeit verschläft,
verdient Verachtung."

>> **Epheser 5,15–18**
„Darum achtet genau auf eure Lebensweise! Lebt nicht wie Unwissende,
sondern wie Menschen, die wissen, worauf es ankommt.
Nutzt die Zeit; denn wir leben in einer bösen Welt. Seid also nicht
uneinsichtig, sondern begreift, was der Herr von euch
erwartet. Betrinkt euch nicht; denn zu viel Wein verführt
zu einem liederlichen Lebenswandel.
Lasst euch lieber vom Geist Gottes
erfüllen!"

1. Inwiefern sollten wir uns die Ameisen zum Vorbild nehmen (vgl. Sprichwörter 6)? Was bedeutet es, wenn sie so hart arbeiten, ohne jemanden zu haben, der sie dazu antreibt?

2. Warum ist deiner Meinung nach ein Menschen von Armut bedroht, der zu viel schläft (vgl. Sprichwörter 6,10)?

3. Was lernen wir aus den Versen der Sprichwörter darüber, wie wir unsere Zeit nutzen sollten?

4. Stelle die beiden Lebensstile, die Paulus in Epheser 5 beschreibt, einander gegenüber. Was empfiehlt er uns und wovor warnt er?

Denke noch einmal über die letzten drei Tage nach. Überlege mit Hilfe der Tabelle auf der folgenden Seite, wie du deine Zeit genutzt hast, einschließlich der Zeit für Schlaf und Erholung. Gib so viele Einzelheiten wie möglich an.

Versuche, die Stunden zusammenzuzählen, die du mit Aktivitäten, die nur deinem Vergnügen dienen, sowie mit Arbeit oder Lernen, in der Gemeindemitarbeit oder mit dem Dienst an anderen Menschen, mit Freunden oder deiner Familie, mit Sport oder Training, mit Schlaf verbracht hast. Überraschen dich irgendwelche Zahlen völlig? Gibt es Dinge, die du anders machen möchtest, nachdem du gesehen hast, wie du deine Zeit genutzt hast? Auf der Grundlage deiner Tabelle: Bist du ein guter Haushalter der von Gott gegebenen Zeit?

Welche Entscheidungen musst du treffen, um ein besserer Verwalter deiner Zeit zu werden? Wie könntest du deine Zeit besser nutzen, indem du einige deiner Aktivitäten umorganisierst?

Zeit	Tag 1	Tag 2	Tag 3
6 Uhr			
7 Uhr			
8 Uhr			
9 Uhr			
10 Uhr			
11 Uhr			
12 Uhr			
13 Uhr			
14 Uhr			
15 Uhr			
16 Uhr			
17 Uhr			
18 Uhr			
19 Uhr			
20 Uhr			
21 Uhr			
22 Uhr			
23 Uhr			
24 Uhr			
1 Uhr			
2 Uhr			
3 Uhr			
4 Uhr			
5 Uhr			

Liste hier zwei oder drei Projekte oder Aufgaben auf, die du erledigen solltest, denen du aber bisher aus dem Weg gegangen bist. Setze ein Datum für jede Aufgabe fest, an dem sie erledigt sein soll. Nun überlege, wie du die Zeit finden willst, um dein Ziel zu erreichen (beispielsweise an den nächsten fünf Tagen jeweils eine Stunde nach dem Abendessen).

Dann schreibe folgenden Satz in großen Buchstaben auf ein Blatt Papier: „24 Stunden/7 Tage in der Woche". Gott hat uns jeden Tag 24 Stunden geschenkt, und du weißt, dass es für einen Christen ziemlich wichtig ist, Zeit mit Gott zu verbringen. Wie viel Zeit möchtest du ihm diese Woche zurückgeben, indem du betest, in der Bibel liest, den Gottesdienst besuchst oder anderen Menschen dienst? Schreibe dir auf, wie viele Minuten du Gott in den nächsten „24 Stunden/7 Tage in der Woche" zurückgeben möchtest. Schau dann, wie viel Zeit du zur Verfügung hast. Ist es zu viel verlangt, Gott davon etwas zurückzugeben? Wir sind doch aufgefordert, Gott und andere Menschen zu lieben. Wenn du darüber nachdenkst, wie du deine Zeit verbringst – konzentrierst du dich dann eher auf Menschen oder auf Dinge? Nimm dir ein paar Minuten Zeit, um Gott für deine Zeit zu danken, und nimm dir vor, dieses Geschenk klug zu nutzen.

IMPULS 3

Der perfekte Körper

Man kann kaum einen Schritt gehen, ohne sehen oder hören zu müssen, dass man sich fit halten oder den perfekten Körper haben muss. Meist geht es dabei aber nicht darum, Gott zu ehren, sondern dadurch den richtigen Freund oder die richtige Freundin zu bekommen. Gott achtet darauf, wie wir mit unserem Körper umgehen – und zwar nicht um Menschen zu gefallen, sondern um Gott zu ehren.

Persönlich gesehen

Markiere oder unterstreiche die folgenden Verse in deiner Bibel:

Persönlich gefragt

1. Wem gehört dein Körper? Was bedeutet es deiner Meinung nach, deinen Körper als „Tempel des Heiligen Geistes" zu betrachten?

2. Welche Gründe erwähnt Paulus in 1. Korinther 6 dafür, dass wir uns um unseren Körper kümmern sollten?

> **>> 1. Korinther 6,19–20**
> „Wisst ihr nicht, *dass euer Leib ein Tempel des Heiligen Geistes ist*, der in euch wohnt? Gott hat euch seinen Geist gegeben und *ihr gehört nicht mehr euch selbst*. Er hat euch freigekauft und als sein Eigentum erworben. Macht ihm also Ehre an eurem Leib!"
>
> **>> 1. Timotheus 4,8**
> „*Sich in körperlichen Entbehrungen zu üben, bringt nur wenig Nutzen. Aber sich im Gehorsam gegen Gott zu üben, ist für alles gut;* denn es bringt Gottes Segen für dieses und für das zukünftige Leben."

3. Wie stellt Paulus in 1. Timotheus 4 geistliche und körperliche Fitness gegenüber? Wie viel Zeit verbringst du pro Woche mit beiden Bereichen?

Denke noch einmal über die letzten 24 Stunden nach und beantworte dann folgende Fragen.

1. Was hast du in den letzten 24 Stunden gegessen?

2. Wie viele Stunden Schlaf hattest du?

3. Wie viel Zeit hast du mit Sport verbracht?

Spiegeln deine Antworten wider, dass dein Körper ein Tempel des Heiligen Geistes ist? Wenn dir jemand ein Haustier schenken würde, das 1 Million Euro wert ist, und deine Aufgabe bestünde darin, dieses Haustier zu pflegen, wie würdest du es behandeln? Denke dann über den Preis nach, der für deinen Körper bezahlt wurde. Wie sollte dieses Wissen deinen Umgang mit deinem Körper verändern – was du isst, wie viel Ruhe du dir gönnst, wie viel Sport du treibst? Bitte Gott, dir zu helfen, ein Leben zu führen, in dem deine Fitness, deine Ruhezeiten und deine Essgewohnheiten ausgewogen sind und durch das du ihn ehren kannst. Sage ihm ganz konkret, was du ändern musst, und bitte ihn, dir bei der Umsetzung deiner Ziele zu helfen.

Es heißt, dass es 21 Tage dauert, bis sich eine Gewohnheit gefestigt hat. Schreibe dir hier vier Ziele auf, die du in den nächsten 21 Tagen erreichen kannst und die dir dabei helfen, deine körperliche Fitness zu verbessern, um Gott zu dienen. Das kann so etwas Einfaches sein, wie jeden Abend einen Spaziergang zu machen, an zwei Tagen in der Woche Sport zu treiben, richtig zu essen, rechtzeitig ins Bett zu gehen, nicht so viel Limo oder Cola zu trinken. Achte darauf, dir Ziele zu setzen, die für dich erreichbar sind. Wenn die 21 Tage vorüber sind, dann setze dir zwei neue Ziele für die nächsten 21 Tage. Denke auch dann wieder daran, dir erreichbare Ziele zu setzen. Fange heute an. Bitte Gott, dir die Willenskraft zu schenken, ein guter Verwalter deines Körpers zu sein.

Begabte Demut

Gott hat jedem Menschen andere Begabungen geschenkt: Singen, Schreiben, sportliche Begabungen, Zeichnen, Kochen, handwerkliche Fähigkeiten. Manche dieser Begabungen kennst du inzwischen vielleicht, andere wirst du erst später im Leben entdecken. Die Talente, die Gott uns schenkt, stellen für uns eine Gelegenheit dar, Gott und anderen Menschen zu dienen, aber sie bergen auch die Versuchung, übermäßig stolz zu werden. Viele Menschen haben sich von Gott entfernt, weil sie ihre Begabungen eingesetzt haben, um sich selbst in einem besseren Licht darzustellen, aber nicht, um Gott damit zu dienen. Wie wir unsere Begabungen einsetzen und weiterentwickeln, ist Bestandteil guter Haushalterschaft.

Persönlich gesehen

Markiere oder unterstreiche die folgenden Verse in deiner Bibel:

>> Genesis 1,27
„So schuf Gott die Menschen *nach seinem Bild*, als Gottes Ebenbild schuf er sie und schuf sie als Mann und als Frau."

>> Sprichwörter 16,18
„*Auf Stolz folgt Sturz*, nach Übermut kommt Untergang."

>> 1. Petrus 5,6–7
„Beugt euch also unter Gottes starke Hand, damit er euch erhöhen kann, wenn die Zeit gekommen ist. Alle eure Sorgen werft auf ihn, denn er sorgt für euch."

>> Psalm 34,2–6
„Den Herrn will ich preisen zu jeder Zeit, nie will ich aufhören, ihm zu danken. *Was er getan hat, will ich rühmen.* Hört es, ihr Unterdrückten, und freut euch! Preist mit mir die Taten des Herrn; lasst uns gemeinsam seinen Namen ehren! Ich wandte mich an den Herrn und er antwortete mir; *er befreite mich von allen meinen Ängsten.* Wenn ihr zum Herrn blickt, dann leuchtet euer Gesicht, euer Vertrauen wird nicht enttäuscht."

1. Inwiefern sind uns Begabungen allein schon dadurch garantiert, dass wir nach dem Ebenbild Gottes geschaffen sind?

2. Was verspricht Gott uns, wenn wir mit den Begabungen, die er uns gegeben hat, demütig umgehen (vgl. 1. Petrus 5)? Was geschieht, wenn unser Stolz die Oberhand gewinnt?

3. Definiere „Stolz" mit deinen eigenen Worten. Wann schlägt Stolz auf etwas in Widerstand gegen Gott um?

4. Wie kann man demütig bleiben, statt stolz zu werden? Orientiere dich bei deiner Antwort an Sprichwörter 16, 1. Petrus 5 und Psalm 34.

5. Wie kannst du diese Ratschläge ganz praktisch in deinem Leben umsetzen?

Persönlich nachgedacht

Jeder von uns hat Begabungen, die Gott uns gegeben hat. Welche Talente hast du bisher schon in deinem Leben entdeckt? Frage dich, ob du auf deine Talente übermäßig stolz bist. Schreibe hier einen Brief an Gott, in dem du ihm für deine Begabungen dankst. Bitte ihn, dir zu zeigen, wie du ihn mit deinen Begabungen ehren kannst. Dann sage ihm, dass du ihm für die Fähigkeiten, die er dir geschenkt hat, die Ehre geben willst (und nicht dir selbst), wenn sich die Gelegenheit bietet, deine Fähigkeiten einzusetzen.

Überlege dir, wie du deine Begabungen einsetzen kannst, um für andere Menschen zum Segen zu werden. Sei darauf vorbereitet, anderen offen zu sagen, dass Gott dir deine Begabungen geschenkt hat und du ihm dafür dankbar bist, wenn du danach gefragt wirst. Schreibe jetzt gleich auf, was du sagen würdest, wenn dir jemand ein Kompliment machen würde. Beispielsweise: „Das würde ich ohne Gott gar nicht schaffen." Oder: „Ich bin Gott dankbar, dass er mir diese Begabung gegeben hat." Wenn du deine Antwort formuliert hast, nimm dir einen Augenblick Zeit und sprich sie laut aus. Gib Gott dafür die Ehre.

Ein guter Treuhänder sein

Hast du schon einmal das Wort „Treuhänder" gehört? Ein Treuhänder ist jemand, dem die Verantwortung für den Besitz eines anderen übertragen wurde, um den er sich nun kümmern muss. Mit anderen Worten: Ein Treuhänder ist dasselbe wie ein Verwalter. Im Reich Gottes bedeutet ein Treuhänder zu sein, dass man Gott das Besitzrecht über alles überlässt, was ihm gehört: unser Geld, unseren Besitz, unseren Körper, unsere Talente und Begabungen – einschließlich unseres Lebens. Wenn wir Gott die volle Verantwortung und die Leitung unseres Lebens anvertrauen, können wir erwarten, dass er uns mehr Gelegenheiten gibt, geistlich zu wachsen und anderen zu dienen, und wir können geistliche Veränderung auf höchstem Niveau erleben. Aber es ist gar nicht so einfach, Gott alles zu überlassen; dazu brauchst du viel Vertrauen – aber vergiss nicht: Gott ist vertrauenswürdig.

Persönlich gesehen

Nimm einen Stift und male in deiner Bibel einen großen Kasten um den folgenden Abschnitt. Markiere oder unterstreiche dann die Verse, die für dich die größte Bedeutung haben.

>> **Matthäus 25,14–29**

„[Jesus spricht:] ‚Es ist wie bei einem Mann, der verreisen wollte. Er rief vorher seine Diener zusammen und vertraute ihnen sein Vermögen an. Dem einen gab er fünf Zentner Silbergeld, dem anderen zwei Zentner und dem dritten einen, je nach ihren Fähigkeiten. Dann reiste er ab. Der erste, der die fünf Zentner bekommen hatte, steckte sofort das ganze Geld in Geschäfte und konnte die Summe verdoppeln. Ebenso machte es der zweite: Zu seinen zwei Zentnern gewann er noch zwei hinzu. Der aber, der nur einen Zentner bekommen hatte, vergrub das Geld seines Herrn in der Erde. Nach langer Zeit kam der Herr zurück und wollte mit seinen Dienern abrechnen. Der erste, der die fünf Zentner erhalten hatte, trat vor und sagte: »Du hast mir fünf Zentner anvertraut, Herr, und ich habe noch weitere fünf dazuverdient; hier sind sie!« »Sehr gut«, sagte sein Herr, *»du bist ein tüchtiger und treuer Diener. Du hast dich in kleinen Dingen als zuverlässig erwiesen, darum werde ich dir auch Größeres anvertrauen. Komm zum Freudenfest deines Herrn!«'"*

„‚Dann kam der mit den zwei Zentnern und sagte: »Du hast mir zwei Zentner gegeben, Herr, und ich habe noch einmal zwei Zentner dazuverdient.« »Sehr gut«, sagte der Herr, »du bist ein tüchtiger und treuer Diener. Du hast dich in kleinen Dingen als zuverlässig erwiesen, darum werde ich dir auch Größeres anvertrauen. Komm zum Freudenfest deines Herrn!« Zuletzt kam der mit dem einen Zentner und sagte: »Herr, ich wusste, dass du ein harter Mann bist. Du erntest, wo du nicht gesät hast, und sammelst ein, wo du nichts ausgeteilt hast. Deshalb hatte ich Angst und habe dein Geld vergraben. Hier hast du zurück, was dir gehört.« Da sagte der Herr zu ihm: »Du unzuverlässiger und fauler Diener! Du wusstest also, dass ich ernte, wo ich nicht gesät habe, und sammle, wo ich nichts ausgeteilt habe? Dann hättest du mein Geld wenigstens auf die Bank bringen sollen und ich hätte es mit Zinsen zurückbekommen! Nehmt ihm sein Teil weg und gebt es dem, der die zehn Zentner hat! *Denn wer viel hat, soll noch mehr bekommen, bis er mehr als genug hat. Wer aber wenig hat, dem wird auch noch das Letzte weggenommen werden.«‘*"

(Persönlich gefragt)

1. Wie erledigten die drei Diener jeweils ihre Aufgabe? Was motivierte die ersten beiden Diener zu ihrem Verhalten und was den dritten?

2. Welche Entschuldigungen bringt der dritte Diener für sein Handeln vor? Warum ergibt seine Entschuldigung nicht wirklich Sinn? Wie sah seine Haltung gegenüber dem ihm anvertrauen Geld aus?

3. Wie belohnt der Herr die treuen Diener? Wie würdest du dich wohl fühlen, wenn Gott zu dir sagte: „Sehr gut, du bist ein tüchtiger und treuer Diener!"?

4. Warum nahm Gott dem dritten Diener das Geld weg und gab es dem, der schon zehn Zentner hatte?

Ein guter Verwalter zu sein beginnt mit der Haltung: „Alles, was ich habe, gehört Gott." Wenn dies deiner Einstellung entspricht, dann formuliere ein Gebet, in dem du laut alle Bereiche ansprichst, in denen Gott dir die Gelegenheit gibt, ein guter Verwalter zu sein. Sage nach jedem Punkt laut zu Gott: „Es gehört alles dir!"

Danke Gott dafür, dass er dir alles gibt und dich zum Verwalter seines Eigentums macht. Sage ihm, dass du ein treuer Diener sein willst.

> Meine Zeit –
> sie gehört dir, Gott.
>
> Mein Besitz – er gehört dir, Gott.
>
> Mein Geld – es gehört dir, Gott.
>
> Mein Körper – er gehört dir, Gott.
>
> Meine Begabungen –
> sie gehören alle dir, Gott.

In den vergangenen Wochen haben wir uns eingehend mit den Merkmalen eines ganz hingegebenen Nachfolgers Jesu beschäftigt. Wir haben überlegt, wie wir Wegweiser aufstellen können, die uns auf unserer Reise Orientierung bieten. Diese Wegweiser sind die fünf Gs – Gnade, geistliches Wachstum, Gruppe, Gaben, gute Haushalterschaft. Nimm dir nun einen Augenblick Zeit und denke über jeden dieser Bereiche in deinem Leben nach. Auf diese Weise kannst du feststellen, ob du dich auf dem richtigen Weg befindest, ob du dich weiterentwickelst und Jesus ähnlicher wirst. Mache es zu einer Gewohnheit, diese Wegweiser ein paar Mal im Laufe eines Jahres zu überprüfen, damit du auf deiner geistlichen Reise nicht vom Weg abkommst.

Markiere auf den sechs folgenden Skalen den Punkt, an dem du dich jetzt in deinem Leben befindest. Danke Gott bewusst für jeden einzelnen. Feiere, wie weit du auf deiner Reise schon vorangekommen bist.

Gnade für andere Menschen

| Mir sind Nicht-christen ziemlich gleichgültig. | Ich denke manchmal über Evangelisation nach. | Ich habe eine Kontaktliste und bete für gute Freunde, die keine Christen sind. | Mir ist es wichtig, dass alle Menschen Gott kennen lernen. Ich rede immer über meinen Glauben, wenn er mir die Gelegenheit dazu gibt. |

Gnade in meinem Leben

Ich habe Gottes Geschenk der Gnade für mich noch nicht angenommen.	Mir fällt es schwer zu verstehen, dass Gott mir völlig vergeben kann.	Ich habe Gottes erstaunliche Gnade in meinem Leben angenommen und fange an, sie zu verstehen.	Ich habe Gottes Gnade empfangen und danke Gott jeden Tag dafür.

Geistliches Wachstum

Meine Beziehung zu Gott wird einfach nicht enger.	Ich mache leichte Fortschritte.	Meine Beziehung wird enger und ich praktiziere geistliche Übungen.	Ich habe geistliche Übungen als festen Bestandteil in mein Leben integriert.

Gruppe

Ich bin nicht Teil einer Gruppe.	Ich habe eine Gruppe christlicher Freunde.	Ich gehöre zu einer Kleingruppe.	Ich lebe in echter Gemeinschaft, entwickle mich weiter und teile mein Leben mit meinen Freunden.

Gaben

Ich habe keine geistlichen Gaben.	Ich weiß, dass ich Gaben habe, aber ich habe sie noch nicht entdeckt oder weiß nicht viel über sie.	Ich weiß, dass ich geistliche Gaben habe, und bin dabei, sie zu entdecken.	Ich kenne meine Gaben; ich gebrauche und entwickle sie weiter, um Gott zu dienen.

Gute Haushalterschaft

Ich danke Gott nicht für das, was er mir gegeben hat.	Ich danke Gott manchmal für das, was ich habe.	Ich danke Gott immer für das, was er mir gegeben hat.	Ich werde zu einem guten, weisen und effektiven Verwalter von allem, was Gott mir gegeben hat.

Nun blättere noch einmal zurück und versehe jede Skala an der Stelle mit einem Sternchen, an der du dich heute in einem Jahr befinden möchtest. Dann bitte Gott, dir zu zeigen, wie du ihm noch engagierter nachfolgen kannst. Denke an Philipper 4, Vers 13: „Allem bin ich gewachsen durch den, der mich stark macht."

Herzlichen Glückwunsch!

„Dafür danke ich dir, es erfüllt mich mit Ehrfurcht. An mir selber erkenne ich: Alle deine Taten sind Wunder!" (Psalm 139,14)

Herzlichen Glückwunsch! Gut gemacht! Du hast eine unglaubliche, elf Wochen dauernde geistliche Reise hinter dich gebracht, die dir Wegweiser an die Hand gegeben hat – die fünf Gs –, die dir dein Leben lang helfen werden, auf deiner Reise mit Gott auf dem richtigen Kurs zu bleiben. Das muss gefeiert werden!

König David wusste, wie man feiert. In Psalm 139 lobte und feierte er Gott, als ihm klar wurde, dass er nach Gottes Bild geschaffen war. Er wusste, dass Gott ihn liebte und dass alles, was Gott erschafft – einschließlich David –, wunderbar ist. Was damals für David galt, gilt auch heute für dich. Gott liebt dich. Er hat dir seine Gnade geschenkt; er hat dir versprochen, dich auf deiner geistlichen Reise immer weiterkommen zu lassen; wenn du dich für ihn entscheidest, wirst du Teil einer Gemeinschaft mit anderen Menschen; er hat dir Gaben geschenkt, damit du am Aufbau seines Reiches mitarbeiten kannst; und er hat dich als Verwalter über alles eingesetzt, was er dir gegeben hat.

Gott freut sich darüber, dass du dir in den vergangenen elf Wochen Zeit genommen hast, seinem Sohn Jesus ähnlicher zu werden. Schau dir in der nächsten Woche noch einmal alles an, was du gelernt und erreicht hast. Wenn du dich das nächste Mal wieder mit deiner Kleingruppe triffst, dann nehmt euch Zeit, um alles zu feiern, was sich seit Beginn eurer Reise durch dieses Arbeitsbuch ereignet hat. Danke der Person, die dich zur Verbindlichkeit angehalten hat, in dieser Woche mit einer netten Karte oder vielleicht sogar einem Geschenk für eure gemeinsame Zeit. Danke deinem Kleingruppenleiter und allen anderen, die dir in dieser Zeit geholfen haben. Aber was am wichtigsten ist: Verbringe einige Zeit mit Gott und danke ihm für das erstaunliche Geschenk seiner Liebe zu dir. Denke daran, dass du wunderbar gemacht und von Gott geliebt bist.

Herzlichen Glückwunsch für deinen Einsatz, den du geleistet hast, um ein ganz hingegebener Nachfolger Jesu zu werden!

G   *Anmerkungen für Leiter*

Geistliche Veränderung geschieht am wirkungsvollsten im Rahmen einer Kleingruppe. Kleingruppen bieten Jugendlichen die Möglichkeit, sich persönlich zu treffen, Antworten auf Fragen zu bekommen, die ihnen unter den Nägeln brennen, und offen über ihre eigenen Gedanken zu reden. Kleingruppen fördern außerdem die Verbindlichkeit und ermutigen die Teilnehmer, das, was sie lernen, auch in die Praxis umzusetzen.

Die wöchentliche Gruppenarbeit bereitet die Jugendlichen auf die fünf „Impulse für den Alltag" vor, in denen sie sich intensiver mit den fünf Gs auseinander setzen. Die Fragen in den Gruppenarbeiten sollen das Gespräch fördern; es gibt jedoch darauf keine „richtige" Antwort.

Die Gruppenarbeiten wurden für Gruppen von drei bis zehn Jugendlichen konzipiert. Wenn die Gruppe größer ist, sollte man darüber nachdenken, sie in zwei oder mehr kleinere Gruppen aufzuteilen. Es ist außerdem empfehlenswert, dass jeder Schüler zu Beginn der Arbeit mit diesem Buch einen Austauschpartner findet, der ihn im Verlauf des Programms ermutigt, unterstützt und herausfordert.

Jede Einheit dieses Materials besteht aus einer Einführung und einer eingehenden Auseinandersetzung mit den fünf Gs – Gnade, geistliches Wachstum, Gruppe, Gaben, gute Haushalterschaft. Jedes G wird in zwei Teilen behandelt – jedes Teil besteht wiederum aus einer Gruppenarbeit und fünf „Impulsen für den Alltag". Wenn man jede Woche mit dem Programm arbeitet, nimmt es insgesamt elf Wochen in Anspruch. Wenn man nur alle zwei Wochen damit arbeitet, dauert es insgesamt 22 Wochen.

Auch wenn das Material in diesem Buch für elf Wochen konzipiert wurde, empfiehlt es sich, zwölf Wochen einzuplanen, damit ihr am Ende noch den erfolgreichen Abschluss des Programms feiern könnt. Bei diesem letzten Treffen sollte noch einmal jeder Teilnehmer besonders ermutigt werden, und der Leiter der Gruppe sollte jedem Teilnehmer kurz mitteilen, wie er dessen Entwicklung in den vergangenen Wochen beurteilt. Überlegt euch kreative Ideen für die Durchführung der Feier – vielleicht indem ihr für jeden Jugendlichen eine persönliche Karte schreibt oder indem jeder Teilnehmer von seinen Erfahrungen in den letzten Wochen erzählen darf. Bittet die Jugendlichen zu erzählen, wie sie sowohl in der Gemeinschaft als auch in ihrer persönlichen Beziehung zu Gott gewachsen sind.

Gruppenarbeiten

Die Woche im Rückblick

Am Beginn jeder neuen Einheit solltet ihr die Fragen durchgehen und euch bei den Jugendlichen erkundigen, was sie in der vorangegangenen Woche gelernt und erlebt haben.

Zum Einstieg

Der Einstieg in jede Einheit beginnt mit einer kurzen Geschichte, die ihr laut vorlesen oder jeden Teilnehmer leise für sich lesen lassen könnt. Entscheidend ist dabei, dass den Jugendlichen klar wird, dass sie nicht zu jung sind, um von Gott in besonderem Maße herausgefordert zu werden. Der Geschichte folgen eine Einführung in das Thema der Woche sowie einige allgemeine Fragen, die dazu einladen sollen, über dieses Thema nachzudenken.

Gemeinsam gelesen

Jeder Bibeltext ist im Arbeitsbuch abgedruckt, damit alle dieselbe Bibelübersetzung lesen können. Trotzdem ist es am besten, wenn alle Jugendlichen ihre eigene Bibel aufschlagen und dort die Verse markieren, die bearbeitet werden. Auf diese Weise entwickeln sie die Gewohnheit, Verse während ihrer persönlichen Bibellektüre anzustreichen.

Gemeinsam entdeckt/besprochen

Die Fragen, die dem Bibeltext folgen, sind offene Fragen, auf die es nicht immer eine einfache oder offensichtliche Antwort gibt. Die Jugendlichen sollen lernen, die Bibel sowohl als literarisches als auch als inspiriertes Werk mit Respekt für die Tiefe ihrer Aussagen zu betrachten. Wenn es nötig ist, ist auch der Kontext des entsprechenden Bibeltextes angegeben. Seid auf Fragen und Themen vorbereitet, die nicht perfekt zum Thema des Kapitels passen. Nach einer kurzen Diskussion darüber könnt ihr das Gespräch wieder zurück zum eigentlichen Thema lenken.

Gemeinsam erlebt

In jeder Gruppenarbeit findet sich eine praktische Übung, in der es um die gemeinsame Auseinandersetzung oder das gemeinsame Erleben des Themas dieser Einheit geht.

Zeit für Gemeinschaft

Dieses abschließende Gebet oder diese Übung bereitet die Jugendlichen auf die „Impulse für den Alltag" vor, in denen jeder für sich das Thema der Einheit vertieft.

Impulse für den Alltag

Jeder Gruppenarbeit folgen fünf „Impulse für den Alltag". Jeder Impuls besteht aus mehreren Elementen, die den Jugendlichen bei der Auseinandersetzung mit dem Thema helfen sollen.

Persönlich gesehen

Hier wurden die Bibelstellen ebenfalls abgedruckt, auch wenn die Jugendlichen die Verse in ihren eigenen Bibeln unterstreichen oder markieren sollten.

Persönlich gefragt

Diese Fragen sollen die Jugendlichen dazu anregen, die Bibelstellen gründlich zu lesen und sich darüber intensiv Gedanken zu machen.

Persönlich nachgedacht

Dieser Abschnitt fordert quasi zum Tagebuchschreiben auf und regt zum Nachdenken über den Bezug zwischen dem Thema und ihrem Leben an.

Persönlich erlebt

Hier findet sich eine praktische Übung, die den Jugendlichen bei der Umsetzung des Gelernten helfen soll.

Jeder dieser Abschnitte soll den Jugendlichen eine möglichst gute Lernerfahrung verschaffen und ihre persönliche Stille Zeit mit Gott bereichern.

Der Leiter als Führender

Alle Kleingruppen brauchen einen Leiter. Aber der Leiter erfüllt die Funktion eines Führenden und Wegweisenden, nicht eines Vortragenden oder Gurus. Die Jugendlichen werden sich mit wichtigen Lebensfragen auseinander setzen, und eure Aufgabe besteht darin, wirklich zuzuhören, was in ihrem Leben geschieht, und auch auf die Fragen zu hören, die nur andeutungsweise gestellt werden. Ihr müsst weise entscheiden, wann ihr euch einschaltet und Fragen beantwortet und wann das Eigentliche im Stillen geschehen sollte.

Denkt daran, dass die Jugendlichen über das reden sollen, was sie ehrlich glauben und denken. Sie sollen mit Hilfe der fünf „Impulse für den Alltag" tiefere Einblicke in das jeweilige Thema bekommen. Nutzt die Rückblick-Fragen am Anfang jeder Gruppenarbeit, um herauszufinden, was sie erlebt haben. Achtet darauf, dass dies nicht zum schnellen Frage-und-Antwort-Spiel wird, und gebt euch nicht mit halbherzigen Antworten zufrieden wie: „Die Woche war ganz okay", oder: „Ich habe die Hausaufgaben nicht geschafft." Erinnert die Jugendlichen an die Selbstverpflichtung vom Beginn dieses Programms, bei der sie sich vorgenommen haben, im Glauben vorwärts zu kommen. Selbst wenn die Jugendlichen einen Austauschpartner haben, der sie während der Woche ermutigen soll, ist es trotzdem empfehlenswert, wenn ihr unter der Woche jeden Jugendlichen anruft und nachfragt, wie er mit den Impulsen zurechtkommt. Dieser wöchentliche Telefonanruf ist ein wichtiges Hilfsmittel, damit die Jugendlichen am Ball bleiben. Achtet aber darauf, dass ihr die Jugendlichen darauf hinweist, was sie lernen und wie sie Jesus ähnlicher werden können, statt nur darauf zu achten, dass sie ihr Hausaufgaben erledigen.

Auf den folgenden Seiten findet ihr die wesentlichen Lernziele jeder Gruppenarbeit und der „Impulse für den Alltag" sowie einige sensible Punkte, die ihr vielleicht ansprechen oder auf die ihr achten solltet. Außerdem findet ihr alles aufgelistet, was ihr sonst noch an Material für die Gruppenarbeit braucht.

Einheit 1: Ganz hingegeben

Vorbereitung für die Gruppenarbeit

Materialien

Stifte. In der ersten Gruppenarbeit werden die Jugendlichen gebeten, ein Versprechen zu unterschreiben, dass sie sich mit vollem Einsatz auf diese geistliche Reise machen. Stellt sicher, dass für jeden Teilnehmer ein Stift zur Verfügung steht.

Textmarker. Gebt den Jugendlichen Textmarker, mit denen sie in den folgenden Wochen in ihrer Bibel Bibelverse markieren können.

Tafel. Während der Diskussionen werdet ihr eine Tafel, ein Flipchart oder einen Overheadprojektor brauchen, um das schriftlich festzuhalten, was die Jugendlichen sagen.

Kerze(n) und Streichhölzer. Jede Gruppe braucht eine kleine Kerze und Streichhölzer für die „Zeit für Gemeinschaft".

Karteikärtchen. Gebt den Jugendlichen acht bis zehn Karteikärtchen. Sie werden diese Karten während des Programms bei mehreren Übungen benötigen.

Hinweise

Am Ende der Gruppenarbeit gehen die Jugendlichen zu zweit mit einem Austauschpartner zusammen. Stellt sicher, dass jeder Jugendliche einen Partner findet.

Ermutigt die Jugendlichen dazu, die Impulse für jeden Tag ernst zu nehmen und sie während der Woche regelmäßig zu machen (statt bis zum Abend vor dem nächsten Gruppentreffen zu warten und sie dann mehr oder weniger nur durchzulesen). Die Bedeutung dieser Impulse liegt nicht nur in den Informationen, die sie enthalten, sondern sie laden vielmehr dazu ein, während der Woche regelmäßig Zeit mit Gott zu verbringen. Die Erfahrungen der Jugendlichen werden bei den Gruppentreffen ein wichtiger Bestandteil der Gespräche sein. Jugendliche, die aktiv an den Impulsen für jeden Tag arbeiten, werden von diesem Programm einen größeren Nutzen haben.

Erinnert die Jugendlichen daran, dass es jeden Tag nur etwa 20 Minuten kostet, die Impulse durchzuarbeiten.

Lernziel der Gruppenarbeit

Im Zentrum unseres Lebens als Christen steht unsere geistliche Veränderung, durch die wir Jesus ähnlicher werden.

Lernziel der „Impulse für den Alltag"

Impuls 1: *Alles geben, was du hast:* Wir müssen lernen, als Botschafter Jesu zu leben.

Impuls 2: *Ein Marathon, kein Sprint:* Das Leben als Christ gleicht eher einem Ausdauerlauf, der Disziplin und Training erfordert.

Impuls 3: *Schulabschluss:* Wenn wir als Christen nicht weiterkommen, läuft irgendetwas falsch.

Impuls 4: *Unterwegs mit Gott:* Gott möchte unser Freund sein.

Impuls 5: *Du selbst sein:* Wir müssen in Bezug auf das ehrlich sein, was wir wirklich glauben und wo wir auf unserer geistlichen Reise stehen.

> ## Einheit 2: Gnade – Teil 1: Ein echtes Geschenk

Vorbereitung für die Gruppenarbeit

Materialien

Tafel. Während der Diskussionen werdet ihr eine Tafel, ein Flipchart oder einen Overheadprojektor brauchen, um das schriftlich festzuhalten, was die Jugendlichen sagen.

Hinweise

Der Bibeltext ist sehr umfangreich. Ihr könnt die Jugendlichen bitten, ihn reihum vorzulesen.

Die vergangene Woche war die erste Woche mit den Impulsen für jeden Tag. Fragt während des Wochenrückblicks vorsichtig nach, wie es bei den Jugendlichen lief. Haben alle die Impulse geschafft? Haben sie Verse in ihren Bibeln angestrichen?

Im Impuls 4 werden die Jugendlichen dazu aufgefordert, ihre Probleme einem guten Freund oder leitenden Mitarbeiter der Gemeinde zu bekennen. Weist sie darauf hin, dass das auf sie zukommen wird, und ermutigt sie, schon jetzt darüber nachzudenken, mit wem sie dafür Kontakt aufnehmen können: jemand, der nachweislich zuverlässig und reif genug ist, um mit dem Gesagten umzugehen.

Lernziel der Gruppenarbeit

Gnade bildet die grundlegende Basis unserer Beziehung zu Gott.

Lernziel der „Impulse für den Alltag"

Impuls 1: *Das Geschenk annehmen:* Gnade basiert nicht auf unserer Leistung oder darauf, dass wir erfolgreich nach irgendwelchen Regeln leben.

Impuls 2: *Ein Geschenk, das freimacht:* Wir müssen nicht so tun, als ob wir gut genug seien, um Gottes Liebe zu bekommen.

Impuls 3: *Das Geschenk sehen:* Ein Leben in der Gnade erfordert eine neue Perspektive.

Impuls 4: *Im Alltag mit dem Geschenk leben:* Wir müssen nicht mit der Angst leben, dass wir nicht gut genug sind.

Impuls 5: *Ein Geschenk mit Ewigkeitswert:* Gnade ist ein Geschenk, das wir jeden Tag für den Rest unseres Lebens bekommen.

Einheit 3: Gnade – Teil 2: Das Geschenk weitergeben

Vorbereitung für die Gruppenarbeit

Materialien

Tafel. Während der Diskussionen werdet ihr eine Tafel, ein Flipchart oder einen Overheadprojektor brauchen, um das schriftlich festzuhalten, was die Jugendlichen sagen.

Kerze(n) und Streichhölzer. Jede Gruppe braucht eine kleine Kerze und Streichhölzer für die „Zeit für Gemeinschaft".

Pflaster. Die Jugendlichen werden für eine Übung während der Woche Pflaster brauchen. Verteilt dieses am Ende der Gruppenarbeit.

Lernziel der Gruppenarbeit

Gott fordert uns alle dazu auf, anderen von dem wunderbaren Geschenk der Gnade zu erzählen.

Lernziel der „Impulse für den Alltag"

Impuls 1: *Echt sein:* Gott gebraucht ganz normale Menschen wie uns, um anderen Menschen seine Liebe zu zeigen.

Impuls 2: *Du hast eine Geschichte:* Jeder Christ hat eine ganz besondere Geschichte, die davon berichtet, wie Gott in seinem Leben gewirkt hat. Menschen, die auf der Suche nach Gott sind, interessieren sich für unsere persönlichen Geschichten.

Impuls 3: *Deine Geschichte erzählen:* Die Freunde, die wir kennen und mit denen wir unseren Alltag verbringen, wollen unsere Geschichten hören, weil wir Menschen sind, denen sie vertrauen und zu denen sie eine Beziehung haben. Wir sollten darauf vorbereitet sein, unsere Geschichte anhand der drei Abschnitte von Paulus' Zeugnis zu erzählen: vor Christus, mit Christus und nach Christus. Diese Gliederung kann uns helfen, unsere Geschichten chronologisch zu erzählen.

Impuls 4: *Mehr Mitgefühl entwickeln:* Wir müssen mehr Mitgefühl für unsere Freunde entwickeln, die Gott noch nicht kennen, und immer daran denken, dass alle Menschen Gott wichtig sind. Den Bedürfnissen anderer Menschen zu begegnen ist ein Zeichen dafür, dass wir Jesus ähnlicher werden – indem wir Gott und andere Menschen lieben.

Impuls 5: *Ein Leben nach dem anderen:* Wenn wir etwas im Leben unserer Freunde verändern wollen, dann geschieht dies immer bei einem Menschen nach

dem anderen. Denkt dabei daran, dass es ein Prozess ist, ein Nachfolger Jesu zu werden. Unsere Freunde sind keine Projekte, die wir auf unsere Seite ziehen müssen. Unsere Aufgabe besteht darin, sie zu lieben und Beispiel zu sein, wie die Nachfolge Jesu aussehen kann.

Einheit 4: Geistliches Wachstum – Teil 1: Gott lieben

Vorbereitung für die Gruppenarbeit

Hinweise

In der letzten Einheit sollten sich die Jugendlichen auf eine Person konzentrieren, der sie die Geschichte ihrer Entscheidung für Jesus erzählen konnten. Fragt während des Wochenrückblicks nach, wie das geklappt hat. Haben sie wirklich mit dem Freund gesprochen? Wie lief das Gespräch? Was haben sie durch diese Erfahrung über Gespräche über geistliche Themen gelernt?

Lernziel für die Gruppenarbeit

Geistliche Übungen sind Trainingsmöglichkeiten, durch die unsere Beziehung zu Gott vertieft wird.

Lernziel für die „Impulse für den Alltag"

Impuls 1: *Besser clever als verkrampft:* Geistliche Übungen helfen uns, die Kraft zu bekommen, so zu leben, wie Jesus es vorgemacht hat.

Impuls 2: *„Werde still und erkenne, dass ich Gott bin":* Wenn wir wirklich mit unseren Gedanken und unserem Körper zur Ruhe kommen, können wir einen Raum schaffen, in dem Gott in unser Leben hineinsprechen kann.

Impuls 3: *Mit dem Atem beten:* Gebet kann ganz instinktiv kommen, weil Gott immer bei uns ist und möchte, dass wir mit ihm im Gespräch bleiben.

Impuls 4: *Bibelmeditation:* Die Bibel ist ein Liebesbrief von Gott, der die Macht hat, unser Leben zu verändern.

Impuls 5: *Große Träume träumen:* Wir müssen für Gott große Träume träumen und uns immer wieder daran erinnern, dass Gott ein mächtiger Gott ist, der einen tollen Plan für unser Leben hat.

Einheit 5: Geistliches Wachstum – Teil 2: Andere Menschen lieben

Vorbereitung für die Gruppenarbeit

Hinweise

Findet während des Rückblickes heraus, ob die Jugendlichen Fortschritte darin machen, ruhige Orte zu finden, an denen sie Gott begegnen können. Vielleicht könnt ihr gemeinsam einige Ideen sammeln, wo sie zum Bibellesen und Beten hingehen können.

Lernziel der Gruppenarbeit

Menschen sind Gott wichtig. Wenn wir unsere Beziehung zu Gott vertiefen, fangen wir an, die Welt mit seinen Augen zu sehen – mit den Augen der Liebe.

Lernziel der „Impulse für den Alltag"

Impuls 1: *Ein dienender Leiter:* Jesus war der dienende Leiter schlechthin: Seine Botschaft war klar – wenn wir ihm ähnlicher werden wollen, müssen wir lernen, anderen Menschen zu dienen.

Impuls 2: *Die Macht der Ermutigung:* Zu einem Menschen zu werden, der andere ermutigt, kann ein wundervolles Geschenk für andere Menschen sein und ein Zeichen dafür, dass Gott unser Leben verändert.

Impuls 3: *Die „2,14-Haltung":* Wenn wir Jesus ähnlicher werden wollen, müssen wir lernen, unsere Einstellung zu ändern und unabhängig von der Situation positiv zu sein.

Impuls 4: *Die Tratsch-Herausforderung:* Selbst mit den besten Absichten kann Klatsch und Tratsch Beziehungen zerstören. Wenn wir Christus ähnlicher werden wollen, müssen wir einen Bogen darum machen.

Impuls 5: *Eine andere Art von Liebe:* Die radikalste Lehre Jesu lautet, dass wir den Mut haben sollen, anderen Menschen unsere Liebe zu zeigen.

Einheit 6: Gruppe – Teil 1: Authentische Gemeinschaft erleben

Vorbereitung für die Gruppenarbeit

Hinweise

Fragt die Jugendlichen während des Wochenrückblickes, welche Erfahrungen sie gemacht haben, wenn sie andere Menschen ermutigt haben, und nach ihrer Einstellung – ob sie im Laufe der Woche positiver geworden sind.

Lernziel der Gruppenarbeit

Veränderung vollzieht sich am effektivsten im Rahmen von Kleingruppen.

Lernziel für die „Impulse für den Alltag"

Impuls 1: *Geben statt nehmen:* Kleingruppen bieten einen idealen Kontext für authentische Gemeinschaft und für geistliches Wachstum.

Impuls 2: *Das Geschenk eines Gebenden: ein Ohr, das zuhört:* Wirklich zuhören und wahrnehmen, was wir von anderen hören, ist ein tolles Geschenk.

Impuls 3: *Es ist ganz schön schwer zu vergeben:* Jeder Christ sollte vergeben und sich in Beziehungen um Versöhnung bemühen, um eine starke und gesunde Gemeinschaft aufzubauen.

Impuls 4: *Radikale Liebe:* Alle Menschen sind Gott wichtig, ganz unabhängig von ihrem Status oder ihrer Herkunft.

Impuls 5: *Die Wahrheit in Liebe aussprechen:* In echter Gemeinschaft zu leben be-

deutet, den starken Wunsch zu haben, Konflikte zu lösen, indem wir die Wahrheit in Liebe aussprechen.

Einheit 7: Gruppe – Teil 2: Liebe empfangen

Vorbereitung der Gruppenarbeit

Materialien

Farbige Bänder oder Schnüre. Die Jugendlichen brauchen in dieser Woche farbige Bänder oder Schnüre für eine Übung im Rahmen der „Impulse für den Alltag". Verteilt sie am Ende der Gruppenarbeit.

Hinweise

Weist die Jugendlichen darauf hin, dass sie zum nächsten Gruppentreffen eine Schuhschachtel mitbringen sollen.

Bringt zusätzliche Schuhschachteln mit, falls die Jugendlichen dies vergessen sollten.

Lernziel der Gruppenarbeit

Gesunde Gemeinschaft baut darauf, dass Gnade weitergegeben und empfangen wird.

Lernziel der „Impulse für den Alltag"

Impuls 1: *Niemand ist alleine:* Wir müssen lernen, mit einem demütigen Herzen voller Dankbarkeit selbst Segen und Hilfe von anderen anzunehmen.

Impuls 2: *Öffne dich für andere:* Teil einer authentischen Gemeinschaft zu sein bedeutet, bereit zu sein, ehrlich von unseren Ängsten, Schwächen und Sünden zu erzählen.

Impuls 3: *Versteckspiel:* Nachfolger Christi zu sein bedeutet, unser wahres Ich nicht vor denen zu verstecken, die uns nahe stehen; es bedeutet zu wissen, dass wir nie alleine sind und Gott immer für uns da ist.

Impuls 4: *Gemeinschaftskiller:* Wenn wir nicht bereit sind, Korrektur von Menschen anzunehmen, denen wir wichtig sind und die Gott in unser Leben gestellt hat, bricht echte Gemeinschaft zusammen.

Impuls 5: *Die richtigen Erwartungen mitbringen:* Christliche Freunde können nicht alle unsere Bedürfnisse erfüllen und werden uns gelegentlich auch enttäuschen. Aber das sollte uns nicht davon abhalten, authentische Gemeinschaft zu erwarten und den anderen Jesu Liebe entgegenzubringen.

Einheit 8: Gaben – Teil 1: Deine Gaben entdecken

Vorbereitung der Gruppenarbeit

Materialien

Schuhkartons: Bringt einige zusätzliche Schuhkartons mit, um denen einen geben zu können, die dies vergessen haben. Diese Kartons werden während der folgenden beiden Einheiten sowohl in den Gruppenarbeiten als auch in den „Impulsen für den Alltag" benötigt.

Weißes Papier: Jeder Jugendliche braucht einen Bogen weißes Papier, das groß genug ist, um den Deckel seines Kartons darin einzupacken.

Scheren und Klebeband: Haltet Scheren und Klebeband bereit, damit die Jugendlichen die Deckel ihrer Schuhkartons bekleben können.

Lernziel der Gruppenarbeit

Gaben sind göttliche Befähigungen – besondere Fähigkeiten, die Gott jedem Christen gibt.

Lernziel der „Impulse für den Alltag"

Impuls 1: *Gebrauche mich!:* Jeder Christ ist dafür verantwortlich, seine Gaben für den Einsatz im Reich Gottes zu entdecken und einzusetzen.

Impuls 2: *Die Teile des Puzzles zusammensetzen:* Eine gute Möglichkeit, unsere Gaben herauszufinden, besteht darin zu sehen, wo Gott uns auf besondere Weise gebraucht, um etwas für ihn zu bewegen.

Impuls 3: *Die richtige Gabe finden:* Der Heilige Geist verteilt die Gaben und entscheidet, wer welche bekommen soll.

Impuls 4: *Wer bin ich?:* Gott weiß, wer wir sind und wie er uns geschaffen hat. Und er möchte uns auf machtvolle Weise für sein Reich gebrauchen.

Impuls 5: *Die Gaben der anderen feiern:* Wir müssen lernen, die Gaben der anderen zu feiern und unsere eigenen Gaben anzunehmen.

Einheit 9: Gaben – Teil 2: Deine Gaben einsetzen

Vorbereitung der Gruppenarbeit

Materialien

Große Puzzleteile. Findet ein preisgünstiges Kinderpuzzle mit großen Teilen (mindestens fünf Zentimeter lang). Verteilt die Puzzleteile am Ende der Gruppenarbeit. Die Jugendlichen werden sie im Laufe der Woche für eine Übung im Rahmen der „Impulse für den Alltag" benötigen.

Lernziel der Gruppenarbeit

Wenn wir uns entscheiden, unsere Gaben zum Wohl der Allgemeinheit einzusetzen, kann Gott erstaunliche Dinge tun.

Lernziel der Impulse für den Alltag

Impuls 1: *Das richtige Ziel:* Jeder Christ hat mindestens eine Gabe, die er für Gottes Absichten einsetzen kann.

Impuls 2: *Die richtige Gabe:* Gott hat uns so geschaffen, wie wir sind, und er will uns so gebrauchen, wie wir sind. Gott hat keinen Fehler gemacht, als er uns unsere Gaben zugeteilt hat.

Impuls 3: *Die richtige Haltung:* Egal, wie klein oder groß unser Dienst ist, er ist für Gott wichtig. Wir sollen Gott und nicht Menschen dienen. Gott wird jeden für das Gute belohnen, das er getan hat.

Impuls 4: *Der richtige Wein:* Damit unsere Gaben Frucht tragen können, müssen wir durch Jesus bestimmte Nährstoffe erhalten. Ohne Christus können wir nichts tun.

Impuls 5: *Die Gemeinde – die Hoffnung für die Welt:* Wenn wir unsere Gaben in einer dienenden Haltung einsetzen, wird sich in uns und durch uns eine wunderbare Veränderung vollziehen.

Einheit 10: Gute Haushalterschaft – Teil 1: Und was ist mit dem Geld?

Vorbereitung der Gruppenarbeit

Materialien

Karteikarten: Die Jugendlichen brauchen für die „Impulse für den Alltag" in dieser Woche Karteikarten. Verteilt diese am Ende der Gruppenarbeit.

Lernziel der Gruppenarbeit

Es wird uns gelingen, ein Leben in Freiheit zu leben, wenn wir Gott die Führung anvertrauen und akzeptieren, dass alles, was wir haben, ein Geschenk von ihm ist.

Lernziel der „Impulse für den Alltag"

Impuls 1: *Wessen Geld?:* Nun ist es an der Zeit, über die Bedeutung eines verantwortlichen Umgangs mit Geld nachzudenken.

Impuls 2: *Schuldenfrei:* Zwischen einem „Wunsch" und einem „Bedürfnis" besteht ein großer Unterschied. Wir sollen Gott mit allem die Ehre geben, das er uns anvertraut hat.

Impuls 3: *Auf großem Fuß leben:* Gott warnt uns vor den schädlichen Folgen des Wunsches nach mehr Geld und der Vorstellung, dass Geld uns Erfüllung und Glück verschaffen kann.

Impuls 4: *Ein freudiger Geber sein:* Gott möchte, dass wir gerne und aus Mitgefühl geben.

Impuls 5: *Der Segen:* Gott sagt ganz deutlich, dass er seine treuen Kinder segnen wird.

Vorbereitung der Gruppenarbeit

Materialien

Große Karteikarten: Die Jugendlichen werden diese Karten im Abschnitt „Gemeinsam erlebt" benötigen.

Lernziel der Gruppenarbeit

Zu guter Haushalterschaft gehört mehr als nur der richtige Umgang mit Geld, nämlich auch der richtige Umgang mit unseren Begabungen, unserer Zeit und unserem Körper.

Lernziel der „Impulse für den Alltag"

Impuls 1: *Mehr haben, als man braucht:* Gott möchte, dass wir die nicht vergessen, die weniger haben als wir, und dass wir gute Haushalter des Überflusses sind, den er uns gegeben hat.

Impuls 2: *Auszeit:* Zeit ist ein Geschenk von Gott. Wir müssen uns entscheiden, wie viel Zeit wir ihm zurückgeben, indem wir Zeit mit ihm alleine verbringen.

Impuls 3: *Der perfekte Körper:* Gott möchte, dass wir uns um unseren Körper kümmern – und zwar nicht um Menschen zu gefallen, sondern um Gott zu ehren. Unser Körper ist ein Tempel des Heiligen Geistes.

Impuls 4: *Begabte Demut:* Die Gaben, die Gott uns schenkt, stellen für uns eine Gelegenheit dar, Gott und anderen Menschen zu dienen.

Impuls 5: *Ein guter Treuhänder sein:* Im Reich Gottes bedeutet Treuhänder zu sein, Gott das Besitzrecht an allem zu überlassen, was ihm im Grunde bereits gehört: unser Geld, unser Besitz, unser Körper, unsere Begabungen, unsere Gaben.